Juan Sebastian Quintero

FITNESS DEL AMOR

Cómo mantener la pasión y el interés a través de los años

Para mi amada esposa, quien ha sido mi acompañante en la construcción del amor y la pasión, día tras día.

Aunque para mí es mucho más fácil ¿cómo no estar loco por la mujer más maravillosa del mundo?

Aclaración inicial

Las siguientes páginas no constituyen una guía ni un reemplazo de la terapia de pareja. Son el fruto de años de reflexión interna, que partió de la necesidad de responder a la pregunta sobre cómo evitar que mi pareja llegara a aburrirse de mí. Fenómeno muy común en la gran mayoría de parejas que he conocido.

Así como escuchar a alguien hablar sobre nutrición no es lo mismo que consultar a un nutricionista, las herramientas que he descubierto a lo largo del tiempo son funcionales, pero la terapia individual y de pareja puede ayudar a solucionar problemas que aquejan a las parejas en todo el mundo: comunicación, respeto, límites y celos, entre muchos otros.

Las relaciones humanas, y más aún las relaciones amorosas o eróticas, requieren de un trabajo constante y permanente, tanto en nosotros mismos, como en lo que nos une como novios, esposos o cualquier forma que tengan nuestros vínculos sentimentales.

Contenido

Hace unos años, una compañera de trabajo estaba muy emocionada porque se iba a casar en los próximos meses. En las recurrentes charlas de oficina con nuestros compañeros de trabajo, ella se mostraba muy emocionada por el hecho de que muy pronto iba a poder saciar todos sus deseos sexuales, ya que, siendo ambas personas entregadas a la religión, debían esperar hasta estar casados para sostener relaciones sexuales.

Casi todos estábamos por encima de los 30 años, y ya varios de nosotros estamos casados o viviendo con nuestra pareja. Algunos tenían hijos, créditos hipotecarios y aquellos compromisos que se van adquiriendo en las relaciones a medida que pasa el tiempo. Así que cuando esta mujer comentaba que muy pronto iba a pasar el resto de su vida teniendo sexo desenfrenadamente con su futuro esposo, la reacción general era una especie de burla por la gran inocencia que traía consigo esa idea sobre la pasión y el deseo.

¿A qué se debía esta burla? Apuesto a que es fácil de reconocer con gran claridad. Es un efecto común de la convivencia, e incluso del simple paso del tiempo en una relación amorosa, que el deseo y la pasión sexual van disminuyendo paulatinamente, hasta ser muy bajos, o incluso nulos. Es una realidad que lleva a que muchas relaciones terminen, pues se cree que no se está con la *persona indicada*.

¿Qué hacer frente a esta situación? ¿Por qué es importante saber esto en la vida actual, en la que las parejas enfrentan retos nunca antes vistos debido a factores como la igualdad en el trabajo y el no desear hijos, entre otros? La convivencia es un gran reto. Eso lo sabemos todos los que hemos decidido pasar nuestra vida junto a otra persona.

Una parte las dificultades que se afrontan como pareja hoy día es la disminución paulatina del deseo. Al compartir el día a día con nuestra persona amada, nos vamos acostumbrando a ella, surgen miles de cosas que nos parecen más importantes que ella… puede que no más importantes, sino que sentimos que la importancia que tiene nuestra pareja para nosotros ya está demostrada y no hay forma de ponerla en duda, así que nuestros esfuerzos diarios se dirigen a problemas cotidianos que, en nuestra opinión, sí requieren atención.

Y así, el tiempo va pasando, y lo que una vez fue pasión casi incontrolable, interés y deseo por compartir con la otra persona casi todo el tiempo posible, se va convirtiendo en la rutina diaria con la que sobrevivimos. ¿Es posible no caer en esta trampa del tiempo en nuestras relaciones?

Una respuesta rápida: ¡Claro que es posible! Es posible burlar el efecto del tiempo en las relaciones, pero requiere conocimiento, paciencia y disciplina. Ningún cambió es rápido ni fácil. Salir de nuestra zona de confort no es fácil.

Erich Fromm inicia su obra clásica, El Arte de Amar, advirtiendo al lector que no hay formas fáciles de amar; que para lograr amar es necesario contar con coraje, fe y disciplina. El trabajo por la relación, en todos los ámbitos de la vida en pareja, es un escenario de lucha, constancia y fuerza de voluntad. Si asumimos que nuestra relación triunfó y que no debemos trabajar por ella día tras día, es muy probable que con el tiempo nos separemos por aburrimiento o nos acostumbremos a una vida de frustración continua.

Te doy la bienvenida a este camino en el que pretendo compartir algunas reflexiones que he realizado a los largo de mis años y estudios respecto a las relaciones. Más que una guía, este libro es el resultado de una búsqueda de años en el camino de la felicidad y la tranquilidad en pareja.

Dividiré estas reflexiones en cinco partes:

1. Los principios de la atracción erótica.
2. Estrategias para limpiar nuestra mente del bombardeo al que es expuesta todos los días.
3. Algunos formas para mejorar nuestro estado físico ya que, seamos honestos, aunque no necesitamos ser modelos fitness, mejorar nuestra apariencia puede mejorar nuestras relaciones.
4. La importancia de contar con un espacio personal.
5. Actividades que podemos realizar para gestionar mejor nuestra vida como pareja.

Mi objetivo es que, una vez recorramos este camino, sepas que existen algunas herramientas que permiten seguir el camino de la felicidad como pareja en el contexto de la convivencia constante. A medida que iba avanzando en la escritura, me di cuenta de que el conocimiento que fui adquiriendo no solo es útil cuando se vive con la pareja. Los años pueden desgastar relaciones de noviazgo muy fácilmente.

Así que este libro se puede tomar como una serie de reflexiones respecto de las relaciones de pareja y los efectos que tiene el paso del tiempo en nuestras relaciones de pareja.

¡Empecemos!

Juan Sebastian Quintero

Capítulo 1
Principios de la atracción

Pensemos en la forma en la que inicia una relación. Por lo general, lo primero que sentimos hacia el otro (o la otra) es atracción física. Hay algo que nos llama la atención y nos lleva a sentirnos bien mirando a esa persona, pensando en ella, pasando tiempo con ella.

Con el tiempo, si el gusto es mutuo, es posible que se desarrolle una relación romántica. Nos enamoramos, nos casamos o empezamos a vivir juntos y tenemos hijos (no todos lo queremos, pero suele pasar).

Para que todo esto pase, ¿Qué es lo que hace que nos sintamos atraídos hacia otra persona?

El hecho de que una persona resulte socialmente atractiva depende mucho del tiempo y el lugar. ¿Recuerdas cómo era la moda de cortes de cabello en mujeres y hombres al final de los 80? Hoy en día no sería muy bien visto que un hombre se deje un pequeño capul y el cabello de la parte trasera de la cabeza se mantenga largo.

Si bien hay ciertas cualidades fisiológicas (como el hecho de que el rostro sea simétrico) que se mantienen a lo largo del tiempo y en la mayoría de países, lo que nos resulta atractivo a los latinos, no es lo mismo que lo que resulta atractivo a europeos, africanos o asiáticos.

Por esta razón, al hablar de qué es lo que nos atrae de la otra persona no quiero referirme a ese proceso por el cual ciertos rasgos físicos o de vestimenta pasan a ser lo que en sociología llamamos **hegemónicos**[1] en un contexto de belleza social. Mi interés es comentar un poco respecto al proceso que ocurre a nivel cerebral para que sintamos interés por una persona.

Nuestro cerebro controla todo lo que hacemos, cómo vemos el mundo, si estamos felices o tristes, motivados o aburridos, etc. Cuando nos sentimos tremendamente enamorados, no es nuestro corazón el que habla; es nuestro cerebro. Si quisiéramos ser más técnicos, tendríamos que decir "te amo con todo mi cerebro".

Pero la ciencia no es romántica. Incluso allí, la frase es imprecisa. Tendría que ser algo así como "te amo con los núcleos supraóptico y paraventricular de mi cerebro" pues es allí donde se produce la oxitocina, la hormona del amor.

---

[1] De forma sencilla, esta palabra quiere decir que es lo imperante. Un rasgo hegemónico es la delgadez, o el cabello largo en las mujeres. Algo que se entiende como deseable, normal.

Desde una perspectiva evolutiva, tal como otros organismos, nos adaptamos en busca de mantener nuestra especie en el tiempo. Mantenernos vivos (no morir) es una de las cosas más importantes. Pelear o huir de la forma más rápida en presencia a un agresor que nos podría matar es lo que explica los picos de adrenalina[2] que permiten desarrollar mucha fuerza en un momento de peligro. Pero el desbalance de esta hormona es también el responsable de las personas que viven con mucha ansiedad. La adrenalina y el cortisol.

Prácticamente, todos nuestros comportamientos dependen en gran medida de lo que genere nuestro cerebro. La forma en la que nos relacionamos románticamente no es ajena a esta realidad.

Las relaciones románticas humanas dependen principalmente de tres hormonas que manejan las sensaciones con la pareja: ***dopamina, oxitocina*** y ***serotonina***, aunque también tienen importancia las ***endorfinas***.

La **endorfina** es una hormona que permite que nos sintamos bien en situaciones incómodas o dolorosas.

---

[2] ¿Alguna vez has visto Tiempos Violentos, la película de Tarantino? Hay una escena en la que Uma Truman tiene una sobredosis de cocaína y tienen que inyectarle algo en el corazón para que reviva. Ese algo es adrenalina pura.

Nos ayuda a sobrellevar estas situaciones. Hay quienes dicen que el gusto de algunas personas por los tatuajes se explica por una especie de adicción a la endorfina que libera el cerebro en respuesta al dolor que produce tatuarse (porque duele, y mucho).

La **serotonina** se conoce como la hormona de la felicidad, ya que tiene un rol importante en nuestra sensación de bienestar. Cuando estamos con alguien a quien apreciamos, nuestro cerebro segrega esta hormona.

La **oxitocina** es una hormona muy importante debido a que es la sustancia del amor. Es la encargada de que nos sintamos apegados a nuestras parejas. Su acción es tan fuerte que, en el embarazo, la gran mayoría de las mujeres segregan esta hormona en grandes cantidades, dando como resultado que el lazo madre-hijo sea tan fuerte como lo conocemos. En la naturaleza, una madre puede dar su vida por sus crías. Conocemos también varios ejemplos de mujeres que se han enfrentado a grandes peligros cuando sus hijos se ven amenazados por algo o alguien.

Por su parte, la **dopamina** es la hormona encargada de mantenernos motivados. De hecho, tiene un rol muy importante a nivel sexual y de atracción, pues es la que hace que nos interesemos en la otra persona. Que queramos hacer cosas con ella, pasar tiempo con ella... tener sexo con esta persona.

Investigaciones recientes, que aún se están discutiendo, apuntan a que nuestro estilo de vida actual hace que nuestro cerebro nos inyecte dopamina a partir de actividades que no requieren de gran esfuerzo o dedicación (ver televisión, encerrarnos en nuestro celular, ver Instagram, pasar los ojos por vídeos de TikTok), lo cual ayuda a que seamos cada vez más sedentarios ya que otro tipo de actividades cotidianas nos aburren.

Me centraré en esta hormona, pues, aunque las demás son importantes, el efecto que tiene el tiempo sobre nuestra capacidad de generar dopamina es muy fuerte. Y ya veremos por qué. Las demás también sufren cambios con el paso del tiempo. A medida que pasamos más tiempo con alguien, generamos más oxitocina. Esto explica que nos sintamos más apegados a las personas cuanto más tiempo pasamos con ellas.

¿Qué pasa con la dopamina entonces? Hablemos un poco del sistema de recompensas del cerebro, para adentrarnos en el tema de la dopamina. En el siglo pasado, un científico ruso llamado Iván Pavlov realizó una serie de experimentos que dieron paso a algo que hoy día se conoce en el campo de la psicología como **condicionamiento clásico**.

Pavlov notó que cuando le daba comida a un perro, el perro salivaba mucho (se le hacía agua la boca). Diseñó un experimento en el cual hacía sonar una campana e inmediatamente después le hacía llegar comida por medio de una plataforma. Con el paso del tiempo, el perro empezó a salivar simplemente por el sonido de la campana, así no hubiera comida.

Este descubrimiento abrió camino a toda una rama del conocimiento psicológico y del aprendizaje condicionado. Cuando alguien está entrenando a un perro es muy común que cada vez que el perro cumple la tarea u obedece la orden que se le da, su entrenador lo premie (recompense) con una golosina, tal como una galleta.

Los humanos funcionamos de la misma manera. A medida que crecemos, vamos aprendiendo que hacer algunas cosas está bien y otras mal (por lo general las que están mal se aprenden a través del castigo. Eso se llaman refuerzos negativos). Si nos va bien en la escuela, nos pueden premiar (recompensar) con una salida a algún lugar de nuestro agrado, comida, un videojuego, etc.

Nuestro cerebro está diseñado (o ha evolucionado, depende de cómo quiera verlo cada quien) de tal manera que condicionamos los comportamientos a partir de las sensaciones que nos dan. Ver a la persona que nos gusta dispara algunas de las hormonas que mencioné anteriormente. Esa sensación de bienestar es la recompensa, y es en el sistema de recompensas del cerebro donde se gestiona la forma en la que procesamos estos estímulos.

Por esta razón, es lógico que busquemos repetir acciones que nos hacen sentir bien, y realicemos menos o evitemos acciones o situaciones en las que o nos sintamos igual (ni bien ni mal) o nos sintamos incómodos. Esta sensación de incomodidad, dependiendo de qué tan intensa sea, muchas veces se genera a partir de ¡otra hormona!: el cortisol.

A propósito del cortisol, es algo paradójico que culturalmente estamos habituados a consumir café en momentos en los que nos sentimos realmente estresados, pero esta misma bebida aumenta los niveles de cortisol en nuestra sangre. Dicho de otra forma, para soportar/manejar el estrés consumimos una bebida que nos estresa aún más.

Cuando una persona está atravesando por una ruptura amorosa, o se encuentra despechada, es habitual que durante las primeras etapas nos reunamos con amigos cercanos para embriagarnos y pasar el proceso. Esa predilección por el licor en estos casos se da porque el alcohol aumenta nuestros niveles de serotonina (Como podrás recordar, esta hormona tiene la función de hacernos sentir bien, felices).

El alcohol genera otra especie de paradoja ya que, si nos excedemos con su consumo, al día siguiente nos vamos a sentir peor que antes, pues, además de la resaca, el alcohol produce que los niveles de serotonina bajen muy fuertemente una vez termina el efecto inicial y nos deprimamos mucho más. Dicho de otra manera, nos embriagamos para sentirnos mejor cuando estamos despechados, pero el efecto que le sigue al bienestar es sentirnos aún más deprimidos.

Diferentes drogas producen diferentes reacciones a nivel cerebral. Muchas de ellas generan algo así como placer puro (los opiáceos, tales como la heroína, la morfina o el opio[3]). La marihuana relaja debido al TCH que contiene. La cocaína, por su parte, está relacionada fuertemente con la hormona que me interesa principalmente en este apartado, la dopamina.

Cuando una persona consume cocaína, sus niveles de dopamina se disparan increíblemente. Teniendo en cuenta que esta hormona es la encargada de que nos sintamos motivados, es muy común ver a alguien que ha consumido cocaína en un estado de excitación total, con mucha energía, buscando actividades para realizar.

Cuando estudiaba sociología, algunos compañeros consumían perico (una forma menos pura de cocaína) para estudiar, preparar parciales o hacer trabajos. Según ellos, les permitía trabajar durante la noche y se concentraban mejor.

La dopamina es la hormona que hace que queramos ir tras algo, que sintamos interés en algo. Cuando conocemos a alguien que nos gusta o simplemente nos agrada, nuestro cerebro nos invita a pasar más tiempo con esta persona a través de la segregación de

---

[3] Como dato interesante, éstas son las únicas drogas que producen adicción fisiológica. Es decir, que el cuerpo realmente las va a necesitar y es muy probable que cualquier persona que las pruebe se vuelva adicta. El cerebro se desespera al no contar con esos estímulos. La adicción a la marihuana, cocaína u otro tipo de sustancias se explican en vacíos emocionales que tiene la persona, no en la sustancia misma.

dopamina. Sin embargo, así como diferentes drogas producen diferentes sensaciones, diferentes actividades generan que el cerebro segregue diferentes cantidades de hormonas.

Ver un amanecer es muy agradable, pero nuestro cerebro no segrega una cantidad suficiente de dopamina al ver un amanecer como para que todos los días nos levantemos temprano a verlo. Caminar por un parque tiene un efecto similar, al igual que ver una película o nuestro programa favorito. En general, son pequeñas cantidades que nos mantienen interesados en diferentes cosas a lo largo del día.

Ahora bien, desde una perspectiva evolutiva, es mucho más importante para nosotros, como especie, lograr reproducirnos que ver un paisaje hermoso o tomar un café, pues no nos vamos a mantener en el tiempo como especie paseando por el parque.

Por esta razón, la cantidad de dopamina que nos genera todo el proceso de cortejo es mucho mayor que con cualquier otra actividad (salvo el consumo de cocaína). Y en este proceso, la actividad que más hace que el cerebro libere dopamina es el sexo.

Pero esta predisposición tiene un lado oscuro: hablemos del *efecto cooligde*.

La gran mayoría de investigaciones respecto al comportamiento del cerebro inician con experimentos con ratones de laboratorio, debido a que los han modificado genéticamente para que tengan el mayor parecido posible con nosotros. También se realiza así porque, estemos de acuerdo o no, genéticamente tenemos sistemas parecidos debido a que tenemos un pasado evolutivo común. Los animales funcionamos muy parecido unos y otros.

Los científicos han observado a los ratones en sus rutinas de apareamiento. Y han hecho algunas mediciones de hormonas y su comportamiento durante estos momentos. Como era de esperarse, cuando un ratón macho va a tener relaciones sexuales (se va a aparear) con una hembra, sus niveles de dopamina aumentan notablemente.

Los investigadores e investigadoras han notado que, si un macho se aparea con una hembra por primera vez, llega al orgasmo muy rápido. Sin embargo, si vuelve a hacerlo con la misma hembra, a medida que lo hace una y otra vez, se demora cada vez más en llegar al clímax. Otra cosa que cambia es el periodo refractario, es decir, se tarda más en recuperarse para estar listo para el siguiente apareamiento.

En otras palabras, si el ratón mantiene relaciones sexuales con la misma hembra, cada vez se va a demorar más en lograr un orgasmo y también se demorará más en estar listo para aparearse de nuevo.

El periodo refractario es algo con lo que nos podemos identificar fácilmente, principalmente los hombres: no es muy frecuente que las parejas tengan más de una relación sexual a la vez.

Por lo general, el hombre llega al orgasmo[4] y la relación sexual termina. Lograr un segundo encuentro, e incluso un tercero, tiene un nivel de dificultad alto. Si se quiere estar de nuevo con la pareja, hay que esperar un tiempo prudencial y para la mayoría de las personas (esta situación afecta principalmente a los hombres) es casi imposible lograrlo de nuevo.

Volvamos a los estudios científicos. Si bien los ratones se demoran cada vez más en llegar al orgasmo y su periodo refractario también se alarga, esto ocurre solo si el coito lo tienen con una única hembra. En el momento

---

[4] Algunas investigaciones han mostrado que, aunque el 80% de los hombres creen que su pareja (mujer) llega al orgasmo, la realidad es que sólo el 30% de ellas llega realmente.

en el que la hembra es reemplazada por una nueva, el ratón macho pareciera nunca haber pasado por este proceso.

El ratón vuelve a tener la energía inicial. Llega al orgasmo en el mismo tiempo inicial y su periodo refractario, entre una ratona y otra, se reduce mucho. Si se siguen cambiando las ratonas, nuestro ratón va a seguir copulando con ellas una y otra vez, hasta que casi muera del agotamiento.

Este comportamiento (aunque no tan compulsivo) se repite en casi todos los mamíferos. Es por esto por lo que son muy pocas las especies animales que son monógamas sexuales. Cuantas más parejas sexuales se tengan, mayor probabilidad se tiene de pasar los genes a la siguiente generación. Y reproducirse es lo más importante para todos los animales, evolutivamente hablando.

A esto se le conoce como *efecto coolidge*. La dopamina que se genera con nuevas parejas sexuales es mucho mayor a la que se genera con la misma pareja sexual. Esta diferencia aumenta con el pasar del tiempo ya que la dopamina que se genera con la misma pareja sexual va siendo cada vez menor.

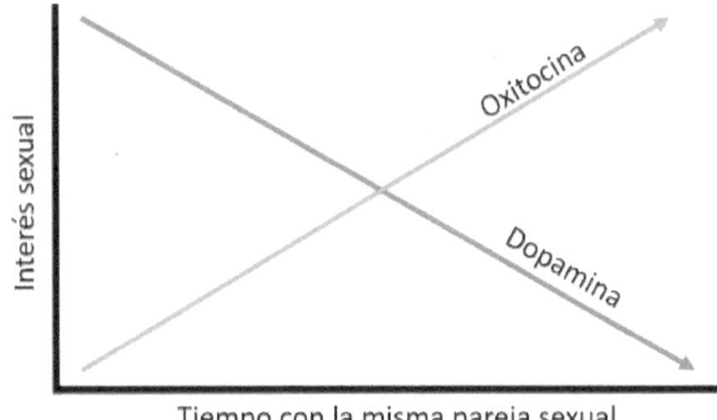

La expectativa de nuevas parejas sexuales dispara los niveles de dopamina y, con esto, nuestro interés en esas nuevas parejas sexuales.

Los seres humanos somos una especie monógama a nivel de pareja amorosa (pero esto no se desarrolla en todos los casos, pues hay personas que prefieren relacionarse en entornos poliamoroso) pero polígama sexualmente.

Las estadísticas muestran que cada vez es más común que las personas sean o acepten que han sido infieles en algún momento. También se ha convertido en algo relativamente aceptado que las parejas sean abiertas o que no se exija monogamia sexual o afectiva. Mi hipótesis frente a esta realidad es que NO SOMOS MONÓGAMOS, pero nuestras reglas culturales nos obligan a mantener relaciones teóricamente monógamas.

Echemos un vistazo rápido a la historia.

La forma más primitiva de organización social en los seres humanos es la comunidad. ¿Alguna vez has visto la película *Los Dioses deben estar locos*? Esa película me gusta mucho porque inicia presentando una mirada antropológica a la sociedad occidental, para seguir con la organización social de una comunidad africana. La organización que se presenta allí es la de la comunidad primitiva, sin propiedad privada.

La trama principal se desarrolla a partir del hecho de que llega a la comunidad un artefacto que nunca antes visto (una botella de Coca Cola que alguien arroja desde un avión) y su uso genera una serie de conflictos debido a que crece la demanda del artefacto introduciendo en la comunidad la idea inicial de propiedad que puede llegar a ser privada.

Conforme las sociedades humanas se van haciendo más complejas, los seres humanos requerimos de más y más tiempo luego de nacer para ser capaces de valernos por nosotros mismos. Si lo pensamos un poco, hace un par de décadas, el hecho de que una persona de 30 años aún viviera con sus padres era una idea casi ridícula. Actualmente es una situación bastante común.

En nuestros primeros pasos como especie, aproximadamente a los 13 o 14 años estábamos listos para valernos por nosotros mismos. Cuanto más pasamos tiempo juntos aprendiendo de nuestro entorno y generando dinámicas sociales nuevas, nuestros comportamientos se fueron complejizando, así como el tiempo que debíamos pasar con nuestros padres para lograr ser independientes. Pero éste no es el único aspecto que ha cambiado con el tiempo de desarrollo del ser humano. La propiedad privada es también un rasgo del desarrollo social.

Una vez se crea la idea de que YO tengo algo que me pertenece a mí, y sólo a mí, surge la pregunta sobre quién heredará eso que es mío, mi propiedad. Para decirlo de otra forma, dado que antes del siglo XVII la expectativa de vida de los seres humanos era de más o menos 30 años, quién se quedaba con nuestras cosas una vez moríamos se convirtió en un problema social y político de gran importancia.

La respuesta a este problema fue que nuestros hijos se quedaran con nuestras propiedades (ropa, herramientas, dinero, etc.), que fueran nuestros **herederos**.

Muchas veces pasa que cuando damos solución a un problema se crea uno nuevo a partir de la decisión que tomamos. En este caso, el problema siguiente a la solución encontrada fue la cuestión de cómo podríamos estar seguros de que nuestros hijos eran realmente **nuestros** hijos.

Las pruebas de ADN son bastante recientes, si lo miramos en una perspectiva de nuestra historia, pues la primera vez que se utilizó el ADN como una forma para determinar la paternidad fue 1924. Antes de que esta tecnología existiera, la "seguridad" respecto de nuestros herederos se trataba de lograr a través del control de las relaciones sexuales.

Para ser más exactos, este control se refería casi exclusivamente al control de las relaciones sexuales de la mujer, pues para nadie es un secreto que las mujeres han sido históricamente relegadas. Adicional a este control, encontramos el hecho de que el derecho de la mujer a la propiedad se dio en el siglo XX. Antes de esta época, la mujer era vista como propiedad del hombre en la familia, del jefe de hogar.

Al ser el hombre el único que podía, en primer lugar, poseer cosas, y, en segundo lugar, pasar sus propiedades a sus herederos (y teniendo en cuenta que una mujer generalmente puede quedar embarazada solo una vez año mientras que un hombre puede embarazar a muchas mujeres en ese mismo periodo de tiempo) se tuvo que buscar la forma de garantizar que, de quedar embarazadas, el hijo fuera efectivamente hijo de quien era el propietario de las cosas. Por esta razón aún sobrevive la idea de que la infidelidad en un hombre no es tan grave como la de una mujer.

Yo sé bien que te he sido infiel
Pero en el hombre casi no se nota
Pero es triste que lo haga una mujer
Porque pierde valor y muchas cosas
(Extracto de la canción "La falla fue tuya" de Diomedes Diaz)

El control de la sexualidad de la mujer, a través del concepto de virginidad, así como el control de las relaciones sexuales fueron la forma de garantizar que nuestros herederos fueran, como se decía anteriormente, sangre de nuestra sangre.

Antes de la Revolución Francesa y de la Revolución Industrial (las cuales tuvieron lugar en el siglo XVIII) el sistema económico de distribución imperante fue el feudalismo. En este sistema, unos pocos señores feudales eran los dueños de la tierra, única propiedad que importaba, pues la supervivencia estaba relacionada con poseer tierra y los productos que se podían sacar de ella.

Lo que se podía heredar era justamente la tierra. En este sistema se generaron las organizaciones de la realeza que conocemos hoy día, llenas de duques, duquesas y figuras parecidas, las cuales se relacionaban con niveles de propiedad y herencia de tierras.

Otra realidad importante es que en todos los tiempos y lugares (excepto tal vez en el budismo) las familias/personas que tienen riquezas desean protegerlas o aumentarlas. Una de las formas de lograr este propósito fue la guerra: una familia contrataba u obligaba a muchos hombres para atacar a otras familias para aumentar sus tierras; es decir, su riqueza.

Pero la guerra siempre ha sido una alternativa costosa, los perdedores podrían generar alianzas con alguien más para contraatacar y, además de recuperar lo perdido, ganar la riqueza del otro, y obtener venganza. En este escenario surge el matrimonio.

El matrimonio se creó como alternativa de asegurar alianza entre familias para defenderse de otras o para aumentar las propias riquezas como familia. Entre reinos también era una buena forma de asegurar apoyo o alianzas. En la película *Corazón Valiente (Braveheart)* se muestra cómo Inglaterra y Francia dejaron atrás varios siglos de guerras a través del matrimonio del hijo del rey de Inglaterra con la hija del rey de Francia.

Luego del siglo XVIII, a partir de la Revolución Francesa e Industrial, el feudalismo, como sistema económico imperante, le dio paso al capitalismo industrial. Con este paso, nació una nueva clase social, la **burguesía**: básicamente, hombres de negocios. A partir de allí, el matrimonio se masificó[5]. Pero su utilidad seguía siendo la de generar uniones entre familias para asegurar el crecimiento de la riqueza.

Por otra parte, la idea de amor que se liga hoy al matrimonio nació después de que se pusieron de moda las novelas románticas escritas, ya que la aparición de

---

[5] El término se refiere a que se hizo popular, pues la masificación del matrimonio se ha dado paulatinamente en diferentes partes del mundo, sin que llegue a ser la forma de unión marital o establecimiento de uniones eróticoafectivas predominante en realidad. Sí lo es, sin embargo, en literatura, cine, novelas, etc. Es decir, en el mundo de las historias de ficción es la forma más común de crear hogares, pero en la realidad, no lo es.

la imprenta y la superación de la censura a ciertos temas por parte de la Iglesia Católica, sumado al acceso a la educación a la clase burguesa, permitió que la lectura de estas novelas generara un ideal romántico del matrimonio en las mujeres, quienes eran las principales compradoras de estas novelas.

La idea romántica de matrimonio-amor se mantuvo principalmente en una escala urbana. Así mismo, el control de la fidelidad se conservó principalmente hacia las mujeres. El rol que se asignó a las mujeres fue cuidar de que sus esposos no crearan un nuevo hogar o, en otras palabras, que no "se fueran con otra".

Ésta es la raíz de que se vea con tan malos ojos el personaje de la mujer que "interfiere" en otros matrimonios ("la otra", "quitamaridos", etc.), aun cuando quien ha asumido el compromiso en la relación es el hombre. Ésta es una muestra más de una cultura patriarcal en la que se juzga de manera diferente la misma acción, dependiendo de si quien la realiza es mujer u hombre.

A medida que más personas podían acceder a educación (lectura), y con ella a la literatura, más personas iban aprehendiendo la idea de romance que se encontraban en estos libros, con el tiempo se va enquistando en la cultura un ideal romántico que parte de estos productos culturales. El mayor ejemplo es la pareja enamorada que se suicida debido a que su amor no está permitido (Romeo y Julieta).

Sin embargo, la educación se mantuvo mucho tiempo reservada para las élites. En Colombia, por ejemplo, la gratuidad en la educación básica se empezó a dar en el año 2010. Hace un poco más de una década. Por esta razón, los cambios culturales que conlleva la generación de nuevos ideales románticos no se presentaron al mismo tiempo que en países desarrollados, en los cuales fueron de la mano con el cambió el régimen económico en el siglo XVIII.

A principios del siglo XX el mundo fue testigo de la creación de una tecnología revolucionaria que generó una nueva realidad: la **radio**. Así mismo, la línea de ensamblaje, así como las mejoras en los procesos productivos hicieron que los costos de producción de estos aparatos disminuyeran y fue cada vez más fácil que cada hogar contara con una radio.

A través de ella cualquier persona, independientemente de si sabía leer, pudo acceder a los clásicos de la literatura universal. Se crearon las radionovelas. Las nuevas generaciones fueron criadas a partir de historias que les hizo soñar con realidades que no conocían sus padres. Entre ellas, la promesa de la creación de un hogar a partir de todos aquellos ritos (matrimonios) a los que asistían cada tarde al escuchar sobre amantes trágicos que podían vencer las dificultades y vivir felices para siempre.

¿Cuál fue el siguiente salto tecnológico? El cine. Con su llegada se presentó un efecto parecido. Si bien las uniones de pareja seguían siendo una buena forma de apostar por la supervivencia, de generar descendencia y herederos, el proceso de cortejo (conquista) se fue unificando. Se nos presentaron ritos mucho más uniformes, tales como los bailes, asistir a películas románticas en algún teatro, grandes gestos románticos como la propuesta de matrimonio, la cual estuvo acompañada de un regalo, el anillo de compromiso.

Con la llegada de la televisión ocurrió algo similar. La novedad del formato de la televisión fue todo un arsenal de publicidad que se veía hora tras hora en el hogar ¿y quién estaba hora tras hora en el hogar? Las amas de casa. Con el tiempo se fueron mejorando las técnicas publicitarias, haciendo uso de conocimientos en psicología. Fue en la época de la televisión a color en la que se creó la tradición de usar un anillo de compromiso cuya piedra preciosa fuera un diamante.

Como hemos visto, en los último siglos hemos atravesado una serie de transformaciones en las técnicas a través de cuales se van creando los ideales respecto a qué es lo deseable en la vida. Los medios de comunicación, desde los libros, periódicos, radio, televisión hasta el cine, se han encargado de reforzar estas ideas, que, lejos de ser buenas o malas, son simplemente construcciones sociales.

En los últimos años, tuvimos otro salto tecnológico que nos ha permitido ver la realidad de un forma nueva. Me refiero a la Internet, pero más específicamente, los teléfonos inteligentes y, con ellos, las redes sociales.

Ha nacido toda una generación de personas dedicadas a la creación de contenido para estas plataformas. Y, así, una nueva forma de re-crear/vender idealizaciones sobre muchos temas distintos; entre ellos, el romance.

Algo recurrente durante todo este desarrollo es el hecho de que las idealizaciones tienen como base una pareja heterosexual; es decir, un hombre y una mujer. Desde pequeños estamos rodeados de arquetipos[6] que nos

---

[6] La palabra arquetipo se refiere a un modelo ideal, a la forma

dicen que la forma de unión romántica ideal es un hombre y una mujer. Adicionalmente, esta pareja debe ser monógama/fiel, pues traicionar la exclusividad sexual es la falla más grande que se puede cometer al compromiso.

El sociólogo francés Emile Durkheim habló hace muchos años sobre un concepto al que bautizó **hecho social**. De acuerdo con el autor, los seres humanos, al ser sociales creamos ciertas reglas o costumbres que tienen alguna función en el momento en el que son creadas. Con el tiempo, la función para la que fue creado se olvida y la costumbre adquiere una validez tal que se piensa que es algo natural (parece natural que queramos ser monógamos, que seamos celosos).

La monogamia, esa exclusividad sexual que nació como una forma de garantizar que quieres recibieran nuestras cosas cuando el hombre muriera fueran nuestros verdaderos hijos, se transformó en un ideal, en un valor que parece no poder ser cuestionado.

Pero esta idealización no se reduce a que debamos tener una única pareja sexual desde el momento en el que iniciamos una relación. También existe la idea de

---

perfecta de algo.

que debemos permanecer en una especie de éxtasis perpetuo a lo largo de toda la duración de la relación. A esta sensación de éxtasis, de emoción, se le conoce como **estar enamorado**.

Si alguna vez te has preguntado por qué en los últimos años las parejas que se divorcian van en aumento, la respuesta se encuentra en esta idealización social. Como lo comenté anteriormente, la unión de personas en hogares no tenía nada que ver con un sentimiento parecido al amor, tal como lo conocemos hoy en día. Es más, tú te podías casar o unir con alguien, tener hijos, vivir con ellos, ser responsable de la familia y, al mismo tiempo, estar enamorado de alguien más. Durante siglos esta realidad no fue para nada problemática pues los hijos bastardos no tenían derechos de heredar.

El matrimonio, tal como lo conocemos hoy día, no es más viejo que nuestros abuelos o máximo nuestros bisabuelos. En algún punto se volvió una costumbre que las uniones familiares se llevaran a cabo a través de un rito llamado matrimonio. Estas uniones duraban muchas veces toda la vida de los cónyuges porque la empresa familiar perseguía fines como el crecimiento económico, mantener las propiedades, obtener mano de obra barata (los hijos en las zonas rurales), etc. Adicionalmente, existe el hecho de que los derechos de las mujeres, así como su independencia económica y acceso a educación, eran muy pocos, por lo cual la mujer que se casaba quedaba enteramente a merced de su esposo.

Como bien sabemos, por una parte, las mujeres actualmente cuentan con más derechos y acceso a educación que hace unas décadas y, por otra, las uniones familiares actuales no tienen como principal objetivo perdurar, tener hijos o aumentar los bienes de las familias. Adicionalmente, cada vez es más común encontrar hogares en los que no se desea tener hijos.

La función del matrimonio y las uniones en las que vivimos con nuestra pareja, entonces, se ha transformado. El amor de pareja tiene hoy un papel protagónico. Nos unimos porque nos sentimos enamorados y queremos seguir juntos mientras estemos enamorados de nuestra pareja. Esperamos que el enamoramiento y la atracción se mantengan con el tiempo y, si no es así, la opción más válida es la separación. A esto, el sociólogo Zigmunt Bauman lo ha llamado ***amor líquido***.

Esta transformación en las relaciones nos ha creado una pregunta de suma importancia, que es parte del asunto central de este libro ¿Es posible mantener esa sensación de *estar enamorados* durante todo el matrimonio? La respuesta corta (que puede ser un poco evidente en este momento) es NO. No es posible.

Es importante recordar el **efecto Coolidge**. Lo que sentimos al inicio de una relación es una explosión de dopamina que nos hace estar interesados todo el tiempo en el otro. Con el tiempo, y la costumbre, los niveles de dopamina disminuyen de una forma importante.

Si estamos convencidos de que esa sensación debe mantenerse todo el tiempo en la pareja (porque nos casamos o decidimos vivir juntos "para ser felices"), es muy probable que, luego de un tiempo, nos sintamos frustrados en la relación en la que estamos y decidamos o separarnos. Otra opción bastante común es dejarse llevar por esa sensación con alguien más, siendo infieles. En muchas ocasiones, lo que pasa después es que nos separarnos de nuestra relación inicial luego de ser atrapados en la infidelidad.

No te asustes. Esta realidad no nos obliga a conformarnos a vivir frustrados en una pareja o tener que separarnos una y otra vez para revivir la emoción inicial. Si bien no es posible mantener el sentimiento inicial, conocer cómo funciona el cerebro y cómo se nos ha enseñado que deberían ser nuestras relaciones, puede permitirnos entender nuestra realidad desde otra perspectiva y -las buenas noticias para ti- gestionar nuestras acciones para sentirnos cada vez mejor en pareja.

Pero antes de entrar a revisar algunas forma de lograr engañar a nuestro cerebro para evitar el efecto del tiempo en la pasión de pareja, puede ser buena idea hacer un pequeño resumen.

Los seres humanos, al igual que los demás animales, somos organismos que funcionan a través de la segregación de diferentes sustancias que controlan nuestras sensaciones y emociones.

La sustancia más importante en la atracción sexual es la **dopamina**. Cuando nos sentimos atraídos por alguien, nuestros niveles de dopamina se disparan. Sin embargo, estamos programados para que, con el tiempo, al estar sexualmente con una sola pareja, nuestros niveles de dopamina disminuyan. Por esta razón, nos sentimos menos emocionados (excitados, interesados) sexualmente cuanto más duramos en una relación de pareja.

Anteriormente, esta realidad no era un problema. Sin embargo, en la actualidad vinculamos el amor con la sexualidad, creamos un ideal de relaciones monógamas a nivel sexual y afectivo y esperamos que, adicionalmente, nos podamos sentir emocionados e interesados la mayoría del tiempo.

Debido a que estas expectativas son casi imposibles de alcanzar, nos encontramos ante la disyuntiva de separamos para buscar a "la persona adecuada" o sentirnos atrapados muchas veces en relaciones que no nos apasionan.

Con esto en mente, me gustaría adentrarme en una serie de acciones que una persona puede realizar con el objetivo de mantener cierto nivel de excitación más o menos permanente en una relación monógama. Y, en caso de que se haya perdido la emoción, qué podría hacer para recuperarla.

Es muy importante tener claro que la sensación original de enamoramiento y emoción es imposible de recuperar. Zigmunt Bauman, sociólogo polaco, escribió un libro llamado *Amor Líquido* en el que habla de las relaciones amorosas en nuestros tiempos, los tiempos líquidos.

Una de sus conclusiones es que, sabiendo que en la actualidad es poco probable que nuestra primera pareja siga siendo nuestra pareja el resto de la vida, cada vez que termina una relación e inicia otra aprendemos el sutil arte de amar menos, en otras palabras, a medida que pasamos por diferentes relaciones aprendemos a desamar. Esto explica que nuestro primer amor sea casi siempre el más intenso y que la explosión de sensaciones por las que atravesamos durante el inicio de nuestro primer enamoramiento sea prácticamente imposible de vivir de nuevo.

Mi intención es compartir algunas reflexiones que me llevaron a descubrir trucos sencillos para que las sensaciones de emoción y excitación se mantengan en niveles altos, incluso cuando se ha permanecido por mucho tiempo en una relación de pareja.

Algunos trucos son bastante simples; sin embargo, como muchas cosas valiosas en la vida, descubrirlos requiere caminos de gran reflexión, así como algunas temporadas de sufrimiento en diferentes niveles.

Hablaré inicialmente acerca cómo limpiar un poco nuestro cerebro de cosas que, sin darnos cuenta, debilitan la fuerza de lo que podemos sentir por la persona de la que estamos enamorados.

En segundo lugar, trataré el tema de la imagen corporal pues, aceptémoslo, vernos bien ayuda a que nos sintamos bien con nosotros mismos, pero también ayuda mucho a que le gustemos a los demás. En ese grupo que denominamos *los demás* está incluida nuestra pareja.

En tercer lugar, abordaré un asunto de gran importancia al hablar del espacio personal y su efecto de lograr extrañar a nuestra pareja.

Por último, mencionaré algunas actividades que podemos realizar en pareja, las cuales permiten que el fuego no disminuya de una forma importante o vuelva a crecer en caso de que la llama esté en peligro.

¿Alguna vez has encendido una hoguera y tratado de mantener la llama? Si el fuego se descuida, se apaga. Si agregamos madera a la hoguera casi extinta con el objetivo de revivir la llama, es muy útil dirigir una gran cantidad de aire a los trozos que aún tienen algo vivo para que estos, con la ayuda del oxígeno extra, ardan intensamente y prendan a la madera fría.

Ésta es la analogía perfecta. Debemos aprender a mantener altos los niveles de oxígeno para que la llama de nuestra relación no disminuya, y en caso de que se encuentre al borde de su extinción, lograr revivirla para que nos abrigue de nuevo.

Capítulo 2
Limpiando nuestra mente

2.1 La trampa de las redes sociales

Con la velocidad a la que está cambiando el mundo, es posible que en el momento en el que estés leyendo este libro, las tendencias respecto a redes sociales hayan cambiado un poco. En el momento en el que escribo, las dos redes sociales más fuertes en el mundo occidental son TikTok e Instagram. TikTok es una plataforma en la cual las personas crean vídeos usando filtros, sonidos, efectos, etc. Instagram funciona principalmente con fotos y vídeos cortos llamados reels.

Como todo nuevo escenario de interacción, su inicio puede generar resistencia en algunos grupos sociales. Un chiste común entre los grupos de hombres es poner en duda la masculinidad de un hombre que sea usuario regular de TikTok. Ante estas burlas, he podido notar que una respuesta recurrente por parte de la víctima es apelar al hecho de que a través de esta plataforma se puede acceder a imágenes de mujeres muy hermosas.

Actualmente, Instagram cuenta con más aceptación en nuestro contexto. Por esta razón, no se presta para este tipo de burlas. Sin embargo, en sus inicios generaba reacciones similares. Recuerdo haber tenido conversaciones análogas con compañeros de trabajo respecto a esta plataforma, en tiempos en los que las dos redes sociales imperantes eran Facebook y Twitter.

Esta situación se repite con casi cualquier red social cuando se empieza a masificar, aunque no siempre con la puesta en duda de la sexualidad de quien las usa. Este fenómeno caracteriza a las redes que se presentan de alguna forma como *de uso femenino*, como aplicaciones "para mujeres".

Las redes sociales permiten hablar de dos situaciones. La primera es el hecho de que, ya que los seres humanos somos seres sociales, y, para nosotros, el reconocimiento de nuestros pares es muy importante, tendemos a proyectar una *imagen deseable* de nosotros mismos en los espacios en los que sabemos que alguien más está atento a lo que hacemos o cómo nos vemos. La segunda es que en la actualidad es la forma más común de matar el tiempo y no aburridos.

El concepto de ***imagen deseable*** no significa lo mismo para todas las personas. Por eso existen personas que tienen su perfil de Instagram lleno de fotografías mostrando su cuerpo tonificado, mientras otras presumen sus tatuajes o perforaciones y otras su capacidad de tomar buenas fotografías de paisajes, etc.

De otra parte, como ya lo establecimos, tendemos a repetir una y otra vez acciones que nos hacen sentir bien; y las redes sociales no son la excepción: nos hacemos seguidores (elegimos consciente o inconscientemente ver contenido) de personas o perfiles que comparten contenidos que nos resultan placenteros.

¿Recuerdas la dopamina? Más allá del placer, la dopamina es el neurotransmisor de la entusiasmo, de las ganas de hacer algo. Uno de sus mayores disparadores es la novedad. Y es en las redes sociales donde podemos encontrar una cantidad infinita de cosas nuevas cada día. No es necesario siquiera que cada perfil genere contenido diverso, se parte del hecho de que el mismo contenido lo genera una persona/perfil diferente. Ésa es la novedad, la que explica por qué existen tendencias que se vuelven virales y podemos gastar literalmente horas viendo el mismo reto de dos minutos realizado por una persona diferente cada vez. En el caso de Tik Tok se utiliza el mismo audio una y otra vez en diferentes contextos, con diferentes protagonistas, etc.

De otra parte, para nadie es un secreto que nos genera una mejor sensación mirar a un hombre o a una mujer que nos resultan atractivos[7]. Son estos perfiles los que tienen más seguidores o se popularizan más fácilmente, sin necesidad de contar con contenido diferenciador. Muchas personas generan ingresos a partir de esta actividad, pues el hecho de que a muchas personas les guste verlos ayuda a que puedan hacer publicidad a través de sus publicaciones.

Esta popularidad, sumada al uso continuo-permanente que damos a las redes sociales, hace que nuestra percepción de *lo real* cambie. En su libro Amor Líquido, Zigmunt Bauman muestra que creamos nuestras relaciones amistosas, laborales, sexuales o sentimentales, a partir de un mercado de relaciones.

Cada persona tiene algo que ofrecer, así como busca algo de los demás. En el mercado del trabajo se necesita ser sociable, adaptable, propositivo y otra serie de cualidades que nos convierten en objetos (potenciales empleados) de mayor o menor valor. Lo

---

[7] Si bien es cierto que la belleza está en el ojo del espectador, hay una idea de belleza que es compartida por el grupo social. En otras palabras, es muy probable que exista cierto consenso respecto a las personas atractivas en un grupo social determinado. De esto hablaré con más detalle en el siguiente capítulo.

que se recibe a cambio de estas cualidades es dinero, el cual usamos para suplir nuestras necesidades. La amistad es algo similar, aunque no tan sistemático. Ofrecemos apoyo, compañía, emoción, aventuras, etc., y recibimos a cambio lo mismo.

A nivel sentimental, hay también cosas que ofrecer y cosas que obtener. Por lo general, las relaciones inician con el atractivo físico (aunque no es la única característica que nos atrae de los demás a nivel erótico). Actualmente, aquello que consideramos atractivo está mediado de una forma importante por el contenido que consumimos en las redes sociales.

Analicémoslo un poco. En los años 90, las fuentes de inspiración en cuanto a moda para los estilos que usaban mujeres y hombres eran las revistas de farándula o moda y la televisión o el cine, medios que eran dominados por personas famosas. A este medio se le conoció como la farándula. La fama dependía de varios factores, pero algo es seguro: El número de famosos no era tan grande. Existían referentes culturales en occidente como Claudia Schiffer, Nicole Kidman, Tom Cruise o Bruce Willis, entre otros... pero no tantos.

Como lo he mencionado antes, la tecnología ha cambiado mucho. En la última década, pasamos de las computadoras a las tabletas y luego a los celulares inteligentes. Con ellos, al acceso a internet inmediato, casi sin importar nuestra ubicación. Y este acceso a internet dio paso a la creación de diversas plataformas que, como mencioné anteriormente, permiten que algunas personas ofrezcan contenido que resulta ser muy atractivo para muchas personas. Así, se convierten en personas famosas; en referentes para ciertos grupos en la sociedad. Las personas famosas ya no conforman un grupo relativamente homogéneo que se identifica como farándula.

La persona promedio revisa su celular más de 50 veces al día. Si encontramos algo atractivo, deseable tantas veces al día, cada encuentro se convierte cada vez en refuerzo positivo adicional que nos dice que ESO que estamos observando es *lo deseable, lo bello, lo valioso*.

Hay un dicho que reza que la belleza está en el ojo del observador; pero esto no es del todo cierto, pues la definición de lo bello no depende de cada individuo, sino que se relaciona de una forma muy fuerte con el grupo social al que pertenezcamos y los refuerzos a ciertos ideales estéticos que recibimos de forma más o menos constante.

Durante mi adolescencia, en la primera década del 2000, en Bogotá-Colombia estaba de moda la tribu urbana conocida como *metaleros*: adolescentes y jóvenes que escuchaban metal y (muchos les recordarán) vestían principalmente ropa negra, ceñida al cuerpo. En los hombres se usaba el cabello largo. Yo, aunque no me identificaba a mí mismo como un *metalero*, adopté la estética completa.

En ese grupo social, se apreciaba mucho tanto en hombres como en mujeres el hecho de que la persona fuera muy delgada. En aquella época mi estatura ya había alcanzado su culmen, logrando 176cm y mi peso era de menos de 50 kilos. Nunca fui un adolescente al que llamarían atractivo, pero mi imagen respondía a una estética de grupo. Las mujeres pertenecientes a este grupo social se sentían atraídas por hombres con esas características (aunque, lastimosamente, no atraídas especialmente hacia mí, así las cumpliera).

Si alguna persona que me conozca en la actualidad ve una de mis fotografías de aquella época, su reacción más habitual es una gran sorpresa, pues he cambiado mucho. Cambié de grupo social y de referentes estéticos. Soy otro.

Se dice que algo **está de moda** cuando existe la percepción de que la mayoría de las personas lo usan o practican. Podría apostar a que recuerdas que a principio de los 90, en Colombia, las mujeres usaban el cabello con bastante volumen y un capul al que llamaban "Alf", por el personaje de la serie homónima. Al mismo tiempo, los hombres usaban un corte de cabello en el que la parte de atrás se dejaba un poco larga y la parte de arriba de la cabeza con algo de volumen en el pelo. En Colombia se le llama a ese corte el "Pedro, el escamoso" debido a que era el corte que utilizaba el personaje de aquella novela famosa a inicios del siglo XXI.

Entonces, las características que definen lo atractivo en un momento y lugar determinado se conoce como **estética hegemónica**. En el momento en el que estoy escribiendo este libro, a nivel mundial se aprecia mucho los cuerpos femeninos de caderas anchas, piernas gruesas, cintura pequeña y senos abundantes. A esto a veces se le señala en referencia a las mujeres de una familia famosa por un reallity show llamado *Keeping up* *with the Kardashians*. En los hombres se aprecia mucho la barba[8].

Lo importante aquí es que, así como yo no era el chico más atractivo, mi ropa, cabello, peso, e incluso mi postura y forma de caminar, estaba relacionada con la estética del grupo al que yo pertenecía. Todos hacemos algo parecido a lo largo de nuestras vidas. Nos adaptamos a las exigencias estéticas del grupo al que pertenecemos (así no nos demos cuenta de que pertenecemos a un grupo) y, así no logremos llegar al ideal, nuestros patrones son los del grupo. Es simple adaptación.

Anteriormente, los sitios donde se podía apreciar la belleza hegemónica, femenina y masculina, estaba muy regulado, pues eran la televisión, el cine o la revistas (por no hablar de las publicaciones pornográficas, ya

---

[8] Existe una gran diferencia entre lo que se espera a nivel estético de mujeres y hombres, pues, debido a la forma en la que fuimos criados, la exigencia social respecto a lo que nos define como hombres o mujeres varía significativamente. Si bien cada vez es más importante que un hombre busque que su cuerpo se acerque al ideal que podemos ver en futbolistas famosos y se vistan como los modelos de revistas masculinas, no se ha llegado al punto de que exista un sufrimiento masculino asociado a no alcanzar estos estándares. Situación que sí existe en las mujeres, pues desde pequeñas se les enseña que es un deber "verse bien" o "ser bonitas".

que su penetración en el mercado era menor, pero ya llegaremos a eso).

Aún existen las revistas, el cine, la televisión. E incluso se ha dado un paso más en la tecnología, logrando la entrada de servicios de streaming de vídeo para producciones como películas y series, tales como Netflix, HBO, Disney o Amazon Prime Video, entre otras[9]. Lo que ha cambiado es que estos medios no son los únicos referentes que tenemos de lo bello, lo agradable o lo *estético*.

Y es aquí donde la tecnología se vuelve contra nosotros. Miremos rápidamente cómo han cambiado nuestras vidas en los últimos años. Hace un poco menos de 10 años, si bien existía el internet y ya era común tener cuentas en Facebook o Twitter, los teléfonos inteligentes apenas estaban iniciando y para poder acceder al mundo de las redes sociales era necesario hacerlo desde un computador personal.

Así que el tiempo que teníamos se distribuía de diferentes formas. En la mañana nos alistábamos para las actividades del día, estudiábamos o trabajábamos, volvíamos a nuestro hogar, realizábamos algunas

---

[9] Sin querer aquí hacerle publicidad a estos servicios.

tareas, tal vez visitábamos o recibíamos visitas de amigos o la pareja y, en la noche, iniciábamos con las noticias y luego las novelas de la noche. El acceso a redes sociales se programaba dentro de las actividades diarias.

La exposición que teníamos a los modelos de belleza hegemónica se daba principalmente al final del noticiero, cuando se creó la sección de farándula, y las novelas de la noche. Eventualmente cuando el fin de semana veíamos alguna revista de moda, íbamos a cine o veíamos algún programa de farándula.

Como dije anteriormente, el acceso a nuevas tecnologías de la información permite que casi cualquier persona se convierta en un referente social/cultural. Las redes sociales lo permiten, pues hoy estamos conectados casi 24 horas a estas plataformas de comunicación. Así que la forma en la que vivimos nuestro día ha cambiado radicalmente.

Despertamos, revisamos el móvil. Facebook, Instagram, TikTok, Pinterest, WhatsApp, Twitter, etc. Ahora sí, hora de bañarse. Pero al salir del baño, una nueva revisión de redes. Desayuno, mientras se está atento de qué ha pasado en estos minutos que hemos estado ausentes de este mundo virtual.

Si nos movemos en transporte público, casi todo el trayecto lo hacemos viendo algo en la pantalla del celular. Pero incluso caminamos mientras escribimos o sólo deslizamos la pantalla del celular para ver qué hay de nuevo, y llegamos al punto de que existen personas que conducen mirando el celular. Trabajamos, estudiamos y, durante las pausas, se vuelve a mirar la pantalla. Nos reímos con los memes, discutimos temas de actualidad, política, religión, deporte, etc. Durante el almuerzo, cuando dejamos la cuchara en la mesa (e incluso sin soltar la cuchara). ¡Exacto! Revisar el celular. De vuelta a nuestro hogar, la misma dinámica en el transporte público. Llegamos a la casa, de nuevo las redes.

Cocinamos la cena mientras estamos pendientes del celular, cenamos, vemos noticias y estamos revisando el celular. Todo al mismo tiempo. Antes de dormir, de nuevo la revisión hasta que tenemos que apagar la pantalla para descansar. Y al otro día, la misma dinámica.

Éste es el punto donde se vuelve un problema. La comparación será la que nos muestre el porqué. Como mencioné anteriormente, en nuestro estilo de vida pasado, las veces en las que nos cruzábamos con los modelos estéticos eran mínimas. Al momento de ver televisión, cine y en anuncios publicitarios, vallas o cosas así. Y estos modelos de estética también eran pocos, pues el mercado era más exigente para su entrada, ya que el espacio en sí era reducido. Todos sabemos que el tiempo en televisión es muy costoso.

En nuestra nueva forma de vida, tenemos contacto con los refrentes estéticos demasiadas veces a lo largo del día. Recuerda cuando hablé de la respuesta común que ofrece un hombre al que se ponía en duda su masculinidad por hacer uso de la red TikTok: *el acceso a imágenes de mujeres hermosas*. Todo el día estamos consumiendo versiones idealizadas de la realidad, versiones que terminan convirtiéndose en nuestra realidad ideal. En *lo deseable*.

Anteriormente, sabíamos que había, por una parte, un mundo ideal y, por otra, una realidad que, a pesar de los esfuerzos, no podría llegar a ese nivel ideal porque era justamente **la realidad**. Hoy estamos rodeados permanentemente de personas (en realidad perfiles de plataformas) que nos dicen que es posible alcanzar ese ideal. Nos echan en cara su felicidad, su capacidad de lograr alcanzar la vida soñada. Al tiempo, contamos con una gran cantidad de perfiles que se dedican a reforzar la idea de que es posible lograr cualquier cosa, solo deseándola lo suficiente.

Nos encontramos entonces frente a dos escenarios relacionados con la belleza:

1. ¿Por qué no hemos podido llegar a ese ideal estético? En otras palabras ¿Por qué no somos tan hermosos como las personas en redes sociales?

2. ¿Por qué no tenemos una pareja que cumpla con ese ideal estético? O, en otras palabras ¿Por qué mi pareja no es tan hermosa como las chicas que veo en Instagram o TikTok?

El mundo se nos presenta lleno de personas que cumplen con el perfil ideal a nivel estético. Siempre va a haber alguien mejor que la persona con la que estamos compartiendo nuestra vida actualmente. Es algo así como si compramos un automóvil y luego de haberlo comprado nos dedicamos a ver y admirar otros autos todo el tiempo. No vamos a disfrutar a plenitud lo que tenemos actualmente, nos daremos cuenta de las fallas o características que podrían ser mejores en nuestro automóvil y estaremos bastante abiertos a la idea de reemplazarlo por uno mejor tan pronto sea posible.

Regresemos al mercado de las relaciones. Yo ofrezco algo y obtengo algo. Las redes sociales nos mantienen recorriendo permanentemente el centro comercial del mercado de las relaciones. Si el efecto de contar con infinidad de posibles parejas mejores que la propia aplica en las redes sociales más utilizadas, imagínate cómo es el comportamiento en aplicaciones como Tinder, las cuales existen para buscar pareja. La oferta y demanda son totalmente evidentes allí. Y la sensación de poder tener algo mejor que lo actual es mucho mayor.

De otra parte, hay estudios que demuestran que cada vez que activamos la pantalla del móvil y entramos a una red social nos darnos una pequeña inyección de nuestra hormona amiga, la ***dopamina***. Y esto lo saben los dueños de las redes. Las empresas que manejan las redes sociales son grandes compañías que tienen equipos de trabajo especializados en encontrar la forma de que las personas permanezcan conectadas a sus aplicaciones.

Te propongo el siguiente experimento: deja de utilizar redes sociales por un día completo. Te aseguro que la cantidad de notificaciones que recibirás de cada aplicación aumentará. Y si permaneces más de un día entrando poco a ellas, aumentarán aún más. Esto pasa porque las aplicaciones necesitan que entremos a ellas, que las usemos. Y saben que las notificaciones nos obligan a prestarles atención pues activan nuestro sistema de recompensa al ponernos alertas de una nueva inyección de dopamina. Pero no sólo eso, sino que el estar alejados de ellas no genera una especie de síndrome de abstinencia.

Para este momento, debe ser un poco clara la necesidad de alejarnos un poco del mundo de las redes sociales en general. Yo no me aventuraría a hablar de cerrar nuestras cuentas y comprar un celular que no tenga acceso a internet. Es un tema de autocontrol que permite liberar la mete.

Alejarnos un poco de las redes sociales tiene dos efectos casi inmediatos: por una parte, debido a que obtenemos inyecciones de dopamina permanente, generamos resistencia a esta hormona; estar conectados al celular todo el tiempo va a hacer que nuestro interés en las demás cosas disminuya.

Estamos acostumbrados a la recompensa inmediata del internet o la televisión. Si nos alejamos de las redes sociales, nuestro interés por temas que antes nos apasionaban se verá renovado. Yo mismo lo viví.

En mis tempranos 20 tocaba guitarra, leía mucho, cantaba, jugaba juegos de computador, salía con mis amigos, practicaba tenis con regularidad y disfrutaba mucho de la música. Mi interés en estas actividades disminuyó hasta casi desaparecer. Durante una época estuve convencido de que esto se debía a la adultez, al trabajo y al hecho de que tenía pareja, pues se dedica mucho tiempo a estas dos últimas. Sin embargo, hice el experimento de alejarme de las redes sociales y gran parte de los intereses que tenía antes han regresado.

El otro efecto que sentirás inmediatamente es que tu pareja actual empezará a parecer más y más atractiva a medida que pasas más tiempo alejado de las redes. Si uno deja de comparar constantemente (así sea de una forma inconsciente), va a apreciar mucho más lo que tiene en la actualidad.

Éste es el primer secreto para limpiar nuestra mente y mejorar nuestra relación. En realidad, no es algo tan complejo, pero sí requerirá mucho trabajo, pues revisar las redes es algo que se hace automáticamente. Es importante que sepas que hacerlo requiere de trabajo duro. La buena noticia es que no tomará tanto tiempo. Después de la primera semana se hará mucho más fácil.

Sin embargo, hay algunos tips que se pueden poner en práctica para hacer las cosas más fáciles, teniendo en cuenta que somos seres de hábitos y muchas veces no pensamos lo que hacemos. Para el momento en el que nos hacemos conscientes, hemos pasado media hora revisando Facebook, Instagram o viendo vídeos en TikTok.

Así que aquí van algunos trucos para engañar a la mente en este reto:

- **Cancelar el plan de datos**: No todos contamos con plan de datos. Sin embargo, si tú cuentas con uno, pregúntate en realidad qué tan necesario es contar con este servicio. Si resulta ser algo indispensable, por temas de trabajo o relacionados, existe la opción de reducir la capacidad del plan o pensar en comprar paquetes de telefonía prepago.

- **Olvidar la contraseña del wiffi**: Los dispositivos tienen la opción de olvidar las contraseñas de wiffi de los lugares donde nos hemos conectado anteriormente. En nuestro hogar, un buen truco es obligarnos a introducir la contraseña del wiffi en el teléfono cada vez que debamos conectarnos. Esto es como quitar una bandita de una herida. No lo pienses, entra a las opciones del wiffi del teléfono, oprime la red a la que estás conectado y escoge la opción desconectar y olvidar.

- **Silenciar los grupos**: los grupos de WhatsApp se han convertido en una herramienta muy útil para trabajo y estudio, pero también para departir con amigos y familia. Sin embargo, son un gancho muy fuerte para pegarse al celular.

  Lo primero que debemos pensar es qué tan útil es estar en cada grupo del que somos integrantes. Seamos sinceros, hay grupos a los que no se les presta atención en el contenido, pero nos quedamos allí porque en algún momento puede ser útil.

  El siguiente paso es que silenciemos todos los grupos que tengamos, a excepción de los del trabajo, si son necesarios. Esto se logra fácilmente, entrando a las opciones del grupo y activando la opción de silenciar. Mi consejo es que elijas la opción de silenciar permanentemente. Otra forma de lograr esto es archivar el grupo para que no se vea en la pantalla de inicio de la aplicación.

- **Desactivar las notificaciones de las aplicaciones de redes sociales**: Las notificaciones son uno de los principales ganchos que utilizan las redes para que cualquier persona entre a ellas y se quede enganchada. Y es que ver ese simbolito parpadear cada rato causa curiosidad y ansiedad.

  La ventaja es que se pueden desactivar. Cada aplicación tiene su forma de desactivar aplicaciones o desde la configuración del teléfono se puede hacer con cada una. Si tienes un reloj inteligente, haz lo mismo. Tener esa vibración en la muñeca genera mucha ansiedad.

  De hecho, existe algo llamado síndrome de vibración del teléfono, el cual se refiere a esa sensación que todos hemos tenido de que el móvil nos dio una notificación, pero al momento de revisarlo no hay nada. Esto ocurre porque acostumbramos al cerebro a responder a estos estímulos estando alerta para que atendamos lo más pronto posible.

- **Quitar las aplicaciones de la pantalla de inicio del móvil**: somos seres de hábitos, y nuestro cerebro evolucionó de tal forma que ahorra energía al automatizar acciones que no requieren de toma de decisiones. Es por esto por lo que no debemos siquiera pensar el patrón o pin de desbloqueo del celular. Oprimimos el botón de desbloqueo, el patrón casi que se realiza solo y entramos automáticamente a algunas aplicaciones.

Esas aplicaciones a las que más entramos se ubican en la pantalla de inicio por lo general, en el escritorio del celular. Dado que la recomendación no es eliminar las redes, sino disminuir su uso, debemos romper ese movimiento automático de desbloque del móvil y entrar inmediatamente a una red social. Elimina las aplicaciones de la pantalla de inicio. Esto se hace presionando el ícono de la aplicación y moviéndolo hacia la parte superior de la pantalla hacia la opción *remover de la pantalla del escritorio*.

La aplicación sigue estando disponible, pero para acceder a ella hay que realizar un paso más: en los dispositivos Android existe la posibilidad de entrar al resto de aplicaciones a través de un botón en alguna parte de la pantalla o deslizando el dedo desde la parte inferior de la pantalla.

Esta acción de más rompe los hábitos que tenemos tan encarnados.

- **Tener siempre cerca un libro**: yo fui fumador por más de 15 años. Unos años antes de dejarlo me di cuenta de que fumaba principalmente porque no tenía nada más que hacer en ese momento. Si no tenía nada qué hacer, y estaba en un espacio abierto, fumaba un cigarrillo para pasar el tiempo. Las redes sociales tienen un mecanismo similar. Las usamos para llenar espacios de tiempo en los que no tenemos nada mejor que hacer.

  Tener un libro de cualquier tema que nos interese a la mano es una alternativa muy útil para ocupar nuestro tiempo. No se tiene que ser intelectual. Hoy existe una oferta muy grande temas y autores. Incluso están en pdf o versión para lectores electrónicos como epub. Es posible descargar una aplicación para leer en estos formatos y utilizar el móvil para leer desde allí.

- **Guardar música en el celular u otro dispositivo**: Los smartphones son hoy el centro de nuestra vida. Sin embargo, sigue habiendo oferta de dispositivos especializados para música, así como existen cámaras profesionales.

Si cuentas con Spotify, Google Music, Apple Music o cualquier otra aplicación, descarga las canciones y cuando tengas un rato libre, disfruta de la música. Lo mismo se puede hacer con música que se descarga a dispositivos especializados, como mp3 o los antiguos iPod.

Aquí también vale la pena mencionar que existen audiolibros que se pueden descargar y escuchar. Usar los audífonos, caminar por la calle e ir oyendo un audiolibro es una actividad bastante placentera. La recomiendo.

- Instalar un juego para pensar: Los móviles son cada vez más poderosos. Mi primer computador fue un Packard Bell de 1983, regalo de mi papá en el año 2000. En aquella época pude instalar un simulador de vuelo que para mí era increíble. Los celulares no son comparables con los pc, aunque cada vez se acercan más. Sin embargo, los juegos que están disponibles para celular son increíbles, por la calidad de gráficos e historias. Aunque tengan esta característica, no me parece una buena idea pasar nuestros ratos libres con esos juegos, pues tiene la misma trampa de dopamina en el sistema de recompensa del teléfono. Se pueden tener, sí. Jugarlos es genial.

Pero no es buena idea hacer uso de ellos en el momento en el que nos golpee la ansiedad por entrar a redes durante el día. Existe gran variedad de juegos simples que permiten pasar el tiempo. Uno de mis favoritos es el ajedrez, pues me da la oportunidad de practicarlo. Pero puede ser Tetris, pinball, o algún juego de ese estilo. La ventaja que tienen es que se puede jugar un momento y volver a lo que se estaba haciendo.

De esta forma, se engaña al cerebro con la ansiedad de uso del móvil, pero se puede concentrar la atención de nuevo en nuestras actividades normales sin tener que caer en misiones complicadas o algo por el estilo, que demanda horas y horas de atención.

Si se pones en práctica algunos de estos trucos, dejar de usar redes sociales tanto tiempo será mucho más fácil. Nuestra vida en general, y por añadidura nuestra vida de pareja, se verán enriquecidas de una forma que no nos habremos imaginado.

Las redes sociales son la trampa más común en la que cae nuestro cerebro, y es importante aprender a gestionarlas por las razones anteriormente mencionadas. En este libro trataré dos de las principales trampas de la actualidad. Las redes sociales y la pornografía.

2.2 Pornografía

Cuando hablé sobre la dopamina, la hormona del interés, mencioné que una de las actividades que genera mayor cantidad de dopamina en el cerebro humano es el sexo. Esto es así porque el principal imperativo biológico es la reproducción de la especie. Y el sexo es el mecanismo a través del cual la especie se mantiene.

Pensemos en la *viuda negra*. Esta araña recibe este nombre porque una vez el macho fecunda a la hembra, ésta lo devora. El nivel de conciencia de los animales no es similar al nuestro. Sin embargo, ellos saben que eso va a pasar, tratan de huir, pero no lo logran la mayoría de las veces. La necesidad de reproducción es superior al riesgo de muerte.

Los seres humanos somos mamíferos, animales, nuestra programación nos lleva a que la actividad que nos genera más interés sea el sexo. Siendo el sexo lo que nos genera mayor cantidad de dopamina (interés), es de esperarse que queramos con mucha intensidad sostener relaciones sexuales con la(s) persona(s) deseada(s). Aunque aquí vale la pena mencionar que esto no se da de la misma manera en todas las personas. Hay personas que se consideran asexuales pues el sexo no les genera interés alguno.

En la mayoría de los seres humanos, el sexo es una actividad que genera mucho placer y que se busca repetir constantemente, a menos que haya normas sociales que lo impidan, tales como el celibato o la virginidad, en comunidades religiosas.

La actividad sexual tiene su pico más alto de sensaciones en el orgasmo, en donde el cuerpo y el cerebro pasan por una gran cantidad de reacciones como la contracción involuntaria de músculos, aumento de la presión y frecuencia arterial, secreción de prolactina y oxitocina, entre otras.

La masturbación es una forma de lograr algunas de esas sensaciones. Sin embargo, no se logran en los mismos niveles. Hay ciertas hormonas que no se segregan en la misma cantidad durante el coito que durante la masturbación. Es algo que la mayoría hemos experimentado: las sensaciones son más fuertes en el sexo que en la masturbación.

Recuerdo mi adolescencia. La masturbación era un tema de interés recurrente entre amigos. Los hombres adolescentes bromeábamos con ese tema, tomábamos nota del largo y grosor del pene, compartíamos técnicas efectivas para mejorar las sensaciones, etc.

Como ya lo he mencionado anteriormente, el salto tecnológico entre mi época adolescente (principios de los 2000) y los tiempos actuales ha sido asombroso. En aquella época, el material pornográfico al que se podía acceder era algunas revistas que vendían en alguna tienda cercana o algún vídeo en VSH que tuviera un amigo, el cual debía ser visto en grupo y con gran prisa, pues los padres podrían llegar en cualquier momento y descubrir la fechoría. Un reto común era asistir al comercio de vídeos local (que en Colombia se llamaba Betatonio… una especie de Blockbuster) y entrar sin ser visto a la zona de vídeos para adultos con el objetivo de ver mujeres desnudas.

En este contexto, el recurso que se utilizaba para estimular la mente durante la masturbación era la imaginación o alguna fotografía. En el caso de que el adolescente tuviera televisión en su cuarto, un recurso adicional podría ser una película donde hubiera alguna mujer atractiva con la que se pudiera tener una fantasía, así como las escenas eróticas de películas transmitidas por televisión abierta o el cable de esa época.

Un recuerdo común en los adolescentes de mi época era que quienes contaban con televisión por cable, y televisión en su cuarto o podían ver televisión solos en la noche, recurrían a un canal llamado The Film Zone, en el que transmitían una serie de pornografía softcore llamada Emanuelle. En aquella época, estos eran los niveles de pornografía a los que se podía acceder.

Ahora bien, a nivel cerebral, no existe una gran diferencia entre tener una relación sexual y masturbarse teniendo una fantasía. Si bien las cantidades de algunas sustancias son diferentes, las zonas que se activan y las hormonas segregadas son las mismas. Para el cerebro, masturbarse es muy parecido a tener relaciones sexuales. El estímulo llega, se segrega dopamina (y otras hormonas) y se inicia el camino hacia el orgasmo.

Una vez allí, se puede descansar y disfrutar de la sensación placentera. Debido al efecto cooligde, si estamos con una única pareja sexual, la gran mayoría de las veces, se puede tener un único encuentro sexual. Lograr el estímulo suficiente para tener otro encuentro muy cercano es difícil, especialmente para los hombres.

Nuestro estilo de vida actual ha afectado la forma en la que nuestro cerebro se ve estimulado. La pornografía en vídeo es, hasta el momento, la forma más fuerte de estímulo para masturbación que existe. Esto ocurre porque el vídeo tiene un nivel de estímulo cerebral muy parecido a las relaciones sexuales. Nuestro cerebro interpreta que tenemos una pareja sexual física.

Pero los vídeos pornográficos existen desde hace mucho tiempo. Casi desde que se inventó el vídeo. La diferencia radica en que hoy contamos con computadoras y teléfonos inteligentes que nos permiten estar conectados la mayoría del tiempo a internet. Adicionalmente, la edad a la que empezamos a utilizar estos dispositivos es cada vez menor.

Por esta razón, la entrada a la pubertad y adolescencia y el inicio de la masturbación, que se da en estas etapas, está cada vez más ligada a la pornografía en vídeo a través de internet. Este tipo de pornografía ha sido llamada pornografía de alta velocidad por algunos estudiosos en el tema. Se le llama así porque está ligada al salto tecnológico que permite descargar contenido multimedia (música y vídeo) a muy alta velocidad.

La velocidad de la red, así como el acceso a dispositivos que permiten cierta privacidad en el contenido al que se accede, facilitó que se haya presentado un cambio en el nivel de estímulo que se obtiene para la masturbación, al remplazar el uso de la imaginación, imágenes estáticas (fotografías de revistas pornográficas) o una cantidad de vídeos limitados, por una cantidad virtualmente infinita de vídeos de alta definición a los que no cuesta prácticamente nada acceder.

El problema radica en que, como lo mencioné anteriormente, esta actividad genera grandes cantidades de dopamina. Y la dopamina, como cualquier otra sustancia, al ser usada en exceso, genera resistencia y dependencia. Por esta razón, el consumidor habitual de pornografía necesita más de un vídeo en una sesión de masturbación. Cada nuevo vídeo es una nueva pareja para nuestro cerebro.

¿Recuerdas el efecto coolidge? Esta realidad de nuestro cerebro no solo afecta nuestra capacidad de tener varias relaciones sexuales continuas. Nosotros no somos como los ratones de laborío, que son capaces de copular casi hasta morir de agotamiento.

La forma en la que funciona nuestro cerebro ha evolucionado para adaptarse a las realidades de la vida animal. El sociólogo Norbert Elías propone una diferencia entre los conceptos evolución y desarrollo en su libro *La Teoría del Símbolo*. Los organismos cambian, mutan, evolucionan para adaptarse de una forma más eficiente con su entorno. Estos cambios toman miles de años en presentarse y quedan grabados en el ADN de la especie.

Los seres humanos evolucionamos a un punto en el que podemos adaptarnos a nuestro entorno y generar grandes cambios en nuestra forma de actuar, sin que esto requiera miles de años, y tampoco deba quedar grabado en nuestro ADN, pues nosotros logramos pasar conocimiento a las generaciones siguientes a través del lenguaje (dibujos, fotografías, vídeos, etc., son un tipo de lenguaje). De esto resulta el hecho de que, si bien cerebralmente queremos tener relaciones sexuales con varias parejas, hemos cambiado culturalmente para que en muchas sociedades, llegar a tener más de una pareja sexual o sentimental al tiempo sea mal visto.

Volviendo al tema, nuestra programación para el sexo es similar a la de otros mamíferos. Nuestra adaptación biológica se desarrolló de esta forma debido a que los seres de los que descendemos (y nosotros mismos, al inicio de nuestra historia como humanos) vivían en un entorno donde era difícil sobrevivir. Lograr que el material genético propio pasara de generación en generación es muy importante, pero el riesgo de que las crías pequeñas mueran mientras se está listo para la vida, es alto. Por esta razón, la probabilidad de que nuestro material se transmitiera y sobreviviera se hacía mucho mayor a medida que teníamos más parejas podamos fertilizar.

Esto explica que hecho de que el interés sexual aumenta con cada nueva pareja. Estamos programados para funcionar de esta manera. De nuevo, este interés se da gracias a la segregación de dopamina. No es algo que podamos controlar, es biológico. Nuestras normas permiten que moralmente evitemos actuar de acuerdo con nuestros deseos biológicos.

Pero vamos atrás de nuevo. Siendo realistas, la cantidad de hembras con las que nuestros ancestros machos podían tener crías durante toda su vida eran pocas, pues vivían en comunidades pequeñas y en contextos donde la lucha por acceder a estas parejas potenciales era fuerte y despiadada.

El cerebro humano se adaptó para poder aprovechar las oportunidades que se daban para fecundar otras hembras, o, en el caso de las mujeres, encontrar el mejor material genético y capacidad de protección (las mujeres no son simples sujetos pasivos en esta historia). Los mecanismos utilizados por el cerebro para permitir estas actividades funcionaban muy bien en una realidad con parejas sexuales limitadas y difíciles de conseguir.

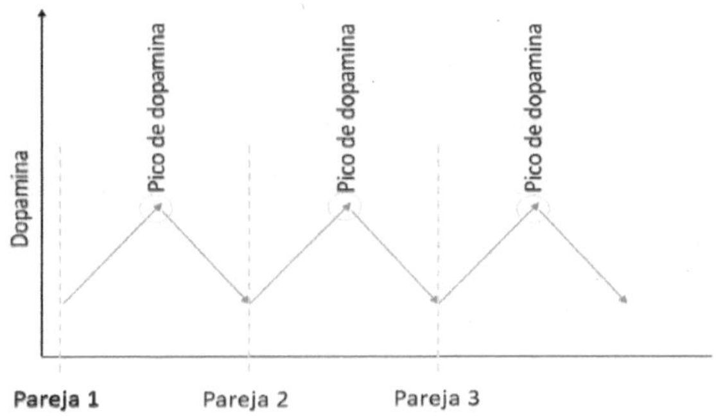

En 1997, cuando la compañía farmacéutica Pfizer dio la noticia de que se había descubierto un medicamento que permitía superar la disfunción eréctil, los hombres mayores del mundo sintieron una gran alegría, pues este problema es común en mayores de 40 años, debido a que, con los años, el deterioro del sistema cardiovascular dificulta que los hombres podamos tener erecciones plenas.

Para el año en que se empezó a comercializar el viagra, la disfunción eréctil era un problema casi exclusivo de hombres de más de 40 o 50 años. En las últimas décadas, se ha tenido registros de que cada vez más hombres y más jóvenes, incluso adolescentes, reportar sufrir de disfunción eréctil comúnmente.

La razón de que hoy día hombres tan jóvenes presenten tan frecuentemente problemas de erección es que son justamente los jóvenes quienes tienen mayor acceso a actividades que generan picos de dopamina fácilmente. Si bien nuestro cerebro tiene la capacidad de crear picos de dopamina con cada pareja sexual nueva, su estructura no evolucionó para adaptarse a nuestras realidades tecnológicas actuales.

Recordando a Norbert Elías, ***evolucionamos*** para poder tener/buscar varias parejas sexuales, pero nuestro ***desarrollo*** tecnológico hizo que esa capacidad se volcara contra nosotros, al permitir que el consumo excesivo de pornografía hiciera creer al cerebro que, en efecto, tenemos una pareja tras otra en cuestión de minutos. De esta forma, la secreción de dopamina permanentemente resulta creando resistencia y atrofia los receptores de este neurotransmisor.

La resistencia que se va creando imperceptiblemente resulta imposibilitando que el hombre pueda sostener o siquiera generar una erección, pues la cantidad de dopamina que se genera o se está en la capacidad de recibir con una pareja real es mínima, en comparación con la que se produce/recibe con un vídeo pornográfico explícito.

Pensémoslo así, casi todos los vídeos pornográficos heterosexuales actuales tienen un libreto similar. Luego de una breve interacción que se reduce a un saludo o a cruzarse por la calle, la mujer está totalmente lista y dispuesta para una sesión de sexo fuerte. Se desnuda, la cámara enfoca los senos, el trasero, su expresión de placer. Inmediatamente después, la mujer, con todo el gusto posible, le practica sexo oral al hombre. Luego de unos minutos de esto, se pasa a la penetración en varias posiciones y sigue, como gran final, la eyaculación del hombre en la cara o los senos de la mujer. En todo momento la excitación y el goce de la mujer es evidente y no requiere de ningún tipo de esfuerzo por parte del hombre.

Cualquier relación sexual por lo general está alejada de la idealización pornográfica. Podemos intentar seguir el guion al pie de la letra, pero nuestra percepción del acto cambia drásticamente por el hecho de que la interacción humana está llena de dudas y confirmaciones. A un gesto de placer le puede seguir uno de disgusto que puede hacer que nos preguntamos si nuestra pareja está disfrutando realmente. Sumado a esto, los ángulos de visión desde los que vivimos la experiencia sexual son muy diferentes a los usados por el observador externo, que es la *cámara*. En otras palabras, no vemos lo mismo estando en la acción que cuando tenemos el punto de vista de la cámara.

Estos y muchos más factores hacen que la experiencia real de las relaciones sexuales genere un pico de dopamina menos intenso y que toma más tiempo de aumentar.

Una sesión de masturbación común en la actualidad consiste en un adolescente (o adulto) frente a la pantalla de su computadora o celular, excitándose a través de vídeos pornográficos que se encuentran fácil y gratuitamente en internet. El constante uso de esta técnica hace que la dopamina que genera cada nuevo vídeo (pareja sexual, desde la perspectiva del cerebro) caiga rápidamente, por lo que el sujeto que se masturba deba cambiar de vídeo cada cierto tiempo. Al cambiar de vídeo el cerebro nuevamente genera un pico de dopamina ya que cree que hay una nueva pareja, y los niveles de este nuevo pico descienden muy pronto. Así que se mantiene un ciclo que consiste en la generación de un pico de dopamina, disminución de dopamina, cambio de vídeo, nuevo pico de dopamina, hasta que se llega al orgasmo.

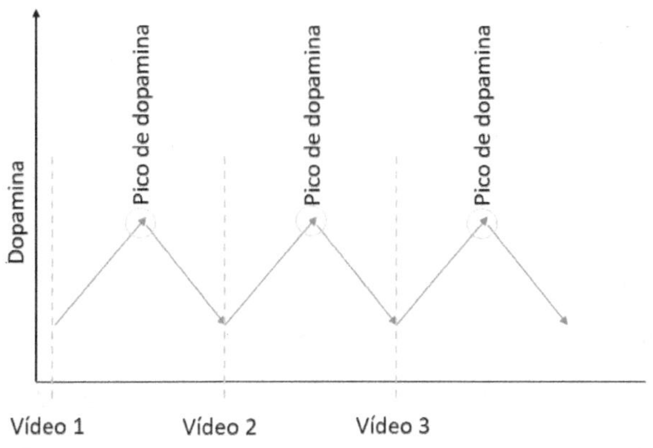

Una relación sexual en pareja no tiene esta misma dinámica. Es muy difícil lograr cambiar de pareja cada 2 minutos, a menos que se esté en un contexto tipo swinger. Y aún en este contexto, la velocidad de cambio y disponibilidad de parejas es limitada. En un cerebro sano, la dopamina sube de a pocos hasta llegar a un pico en el que se mantiene hasta llegar al orgasmo, para dar paso a la oxitocina, encargada de generar apego.

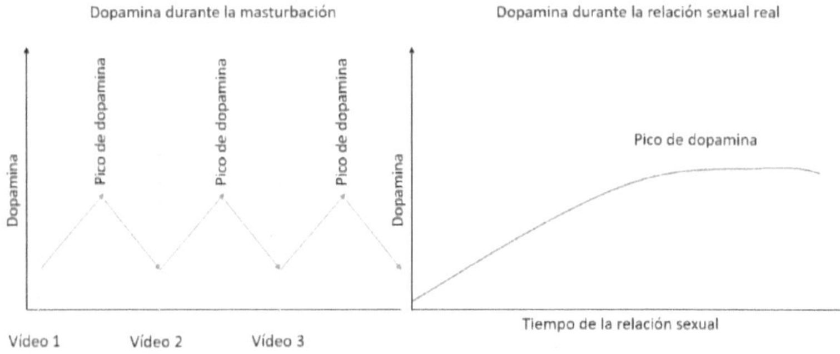

Cuando hemos habituado a nuestro cerebro a los picos interminables de dopamina generados por la masturbación a través del estímulo del uso recurrente de pornografía, no responde bien ante la realidad de un encuentro sexual físico, pues no es capaz de generar y mantener la dopamina elevada.

La reacción corporal que se presenta cuando se dan estas reacciones químicas es que se pierde la capacidad de tener o mantener una erección en una relación sexual física con la pareja. Sumemos a este problema el hecho de que vivimos en una sociedad con valores machistas, que centra las relaciones sexuales en la penetración y pone en duda la sexualidad del hombre que no puede tener una erección firme y constante.

Además del no poder tener relaciones sexuales con la pareja, se presentan escenarios de frustración sexual, de represión, búsqueda de estímulos cada vez mayores, infidelidades sistemáticas y otros tantos que pueden ser tóxicos para la pareja.

Un dato que llama mucho la atención es que cada vez son más los reportes de adolescentes a los que no les interesa las relaciones sexuales. ¿Cómo les va a interesar si es mucho más satisfactorio estar frente a una pantalla? Por lo menos con la masturbación pueden tener estímulos fuertes, basados en escenarios poco realistas que no son fáciles de lograr con la pareja.

En la vida de pareja, se pierde el interés sexual. Muchas veces nos preguntamos si es necesario que cambiemos de pareja, si la persona con la que estamos es *la indicada*, nuestra verdadera media naranja. La realidad es que hemos acostumbrado tanto a nuestro cerebro a recibir dosis de dopamina en todo momento, que la resistencia generada a esa hormona no nos permite sentir un nivel sano de interés por el otro.

Con esta reflexión no quiero que creas que estoy en contra de la pornografía. Al contrario. Me parece una buena herramienta que se puede utilizar en pareja o de forma independiente, no sólo para lograr placer sexual, sino como inspiración. Sin embargo, muchas veces abusar de las herramientas genera problemas.

Tampoco pretendo señalar a quienes consumen pornografía en exceso como personas malas o pervertidas. Nuestro mundo nos da productos de consumo. De vez en cuando, a una persona se le escapa de las manos el control del consumo de estos productos. Así es como debemos verlo. Esto ocurre con las apuestas, el alcohol, las drogas, la comida, los videojuegos y un largo etcétera.

Si se ha llegado al punto de sufrir de adicción por la pornografía, dejarla de lado será aún más difícil, y tal vez se requiera el acompañamiento de un profesional. Sin embargo, al afrontar este tema en pareja, dialogando, se pueden tener algunas herramientas a la mano.

Es por esto que a continuación te presentaré una serie de trucos que me resultaron útiles al momento de alejarme de esta adicción.

En el celular

Existen aplicaciones de control parental que permiten bloquear páginas de internet a través de las que se accede a este contenido. Un truco útiles puede ser que la clave para esta aplicación la administre nuestra pareja. De esta forma, nuestro autocontrol no dependerá de nuestro estado de ánimo.

Adicionalmente, es muy conocido el hecho de que en grupos de WhatsApp o Telegram (por mencionar dos ejemplos) se comparte contenido pornográfico. En este escenario hay dos alternativas:

1. Abandonar estos grupos.
2. Configurar la aplicación para que no descargue automáticamente el contenido multimedia en ningún momento. Esto no corta el problema de raíz, pero nos permite ser conscientes de lo que estamos viendo.

En la computadora

El siguiente procedimiento se puede utilizar para no permitir que un ordenador con sistema operativo Windows acceda a cualquier página web. Es recomendable que quien lleve a cabo los pasos sea nuestra pareja, buscando que quien esté apegado a la pornografía no tenga mucha información respecto a cómo desbloquearlas páginas indeseadas. Con este método no se requiere de ninguna clave, simplemente no se podrá acceder a las páginas.

1. Haz una lista junto a tu pareja de las principales páginas pornográficas o desde las que se puede acceder a pornografía. El nombre de la página tiene que ser completo, es decir, la dirección inicial: www.pornhub.com, www.youporn.com; www.xvideos.com; etc.

2. Una vez tengas claras estas páginas, debes entrar al explorador del computador. Una forma fácil de entrar allí es oprimir al tiempo las teclas Windows y E.

3. Una vez allí, debes entrar la carpeta C, luego a la carpeta **Windows**, luego a la carpeta **System32**, luego a la carpeta **drivers** y por último a la carpeta **etc**.

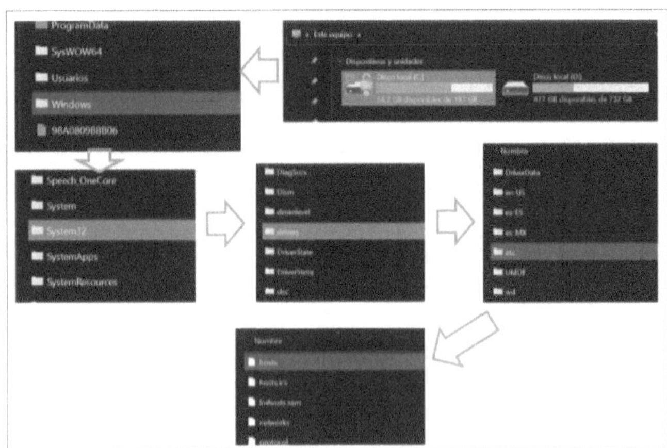

4. Debes buscar el archivo hosts, copiarlo y pegarlo en el escritorio para poder modificarlo.

5. Se da doble clic en el archivo y se elige abrir con el bloc de notas. Allí te sitúas al final del archivo, das dos veces enter y escribes **127.0.0.1** y oprimes una vez la tecla TAB.

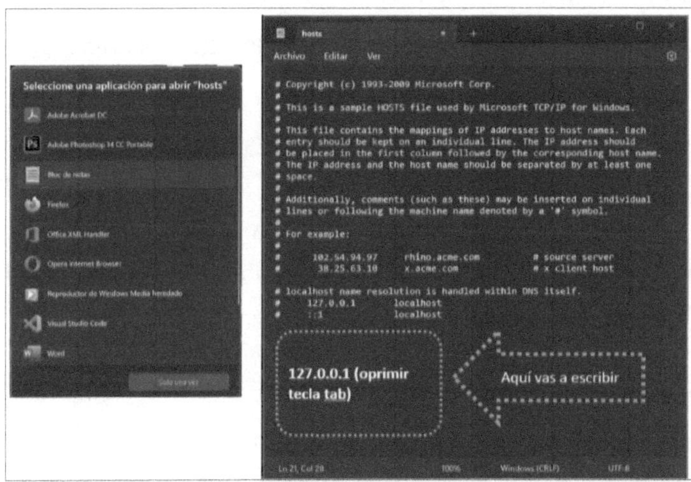

6. Luego de haber oprimido la tecla TAB, se escribe la dirección de la página que quieres bloquear.

```
# localhost name resolution is handled within DNS itself.
#       127.0.0.1       localhost
#       ::1             localhost

127.0.0.1     www.xvideos.com
127.0.0.1     www.pornhub.com
```

7. Se guarda el archivo y luego se copia y se pega en la carpeta etc. Se acepta reemplazar el archivo. Inmediatamente, no podrás volver a acceder a estas páginas.

En redes sociales

Anteriormente mencioné el hecho de que muchos hombres defienden el uso de ciertas aplicaciones a través del acceso a imágenes o vídeos de mujeres atractivas. La estimulación artificial de la pornografía aplica en estos contextos.

Analicemos un vídeo común del perfil de una vendedora de contenido erótico en la plataforma TikTok.

Aparece la mujer en escena con una vestimenta promedio. Por lo general over size. Al compás de la música, la mujer jala su ropa, mostrando la intención de arrancarla. En un punto que se hace familiar luego de un par de veces de haber visto este tipo de vídeos, se sabe que su ropa desaparecerá y la imagen que aparecerá será la de la misma mujer en ropa interior diminuta, muy sugestiva.

Este ejemplo permite mostrar la forma en la que este tipo de mercado aprovecha la segregación de dopamina. Como ya hemos hablado, si bien este neurotransmisor es el encargado del deseo, también tiene una gran relación con la novedad, con la ansiedad por lo que va a suceder, a aparecer a continuación.

Existen vídeos en los que las mujeres que aparecen en pantalla no se quitan la ropa. Sólo siguen la música y se juega con el espectador para que se dispare su ansiedad por ver qué hay detrás de este vídeo. Así, la generadora de contenido logra que la persona entre a su perfil para buscarla en ropa interior.

Cada vídeo nuevo que aparece al deslizar el dedo hacia arriba es un pico pequeño de dopamina que nos damos a nosotros mismos. Y lo es más aún cuando la imagen siguiente será la de una mujer muy atractiva en ropa sugestiva y moviendo su cuerpo de forma provocativa.

TikTok y las aplicaciones de este tipo son el caso más representativo de la forma en la que las empresas aprovechan nuestro gusto por la dopamina para mantener nuestra atención centrada en algo por mucho tiempo. Se mantiene la mirada fija en la pantalla, pero cada publicación es nueva. Esa novedad genera dopamina y la expectativa por la novedad nos gusta mucho.

Unimos esto con el hecho de que las personas que nos resultan atractivas nos generan aún mayor interés. El resultado es una sobre estimulación del sistema de recompensas del cerebro, de la cual se desprende el hecho de que disfrutamos cada vez menos de nuestra pareja.

Alejarnos de la pornografía tiene que estar acompañado necesariamente de alejarnos de las fuentes de estimulación erótica artificial tanto como nos sea posible. Entre las cosas de las que yo me alejé cuando tuve que pasar por este proceso se encuentran:

- Instagram/kwai. En esta red nos vemos expuestos permanentemente a imágenes de mujeres u hombres realmente atractivos.
- Twitter. Esta red social tiene la característica de que no cuenta con censura hacia el contenido erótico explícito. Así que muchas productoras y generadoras(es) de contenido sexual lo utilizan como su principal vehículo para captar consumidores al compartir vídeos explícitos de corta duración, los cuales disparan la ansiedad por más y más contenido.

- Grupos de Facebook. Existen algunos grupos dedicados a compartir imágenes de personas atractivas, confesiones, relatos, etc.

- Programas de televisión. Hemos visto que cada vez existen más reallities y programas en los que los protagonistas son muy atractivos. Esto no tiene nada de inconveniente en sí mismo. Sin embargo, durante una primera etapa de alejamiento puede ser buena idea alejarnos de estos programas debido a que, como con cualquier comportamiento compulsivo, el cerebro buscará lograr estímulo falso con lo mínimo que encuentre. La presentadora del programa de música vestida con un vestido totalmente ceñido y un escote profundo puede causar la ansiedad suficiente para correr a buscar contenido más fuerte y aliviar las ansias por estímulo erótico.

Los disparadores

Cuando una persona intenta dejar el hábito del cigarrillo, una de las partes más difíciles es el hecho de que fumar se ha relacionado durante años con actividades cotidianas, tales como el café matutino o las cervezas de fin de semana con amigos. En estos escenarios se presentan grandes ansias (cravings en inglés) de fumar.

El hábito de la pornografía funciona igual. Puede ser que consumamos este tipo de contenido cuando estamos aburridos, cuando nos sentimos frustrados, etc. Es importante detectar en qué escenarios aparece la ansiedad por consumir pornografía.

Alejarse de este tipo de estímulo es muy difícil. Cuando yo mismo lo hice tuve que hacer un sacrificio enorme, aún más por el hecho de que estaba desempleado. Sin algo en qué ocupar mi mente, la ansiedad por consumir algún tipo de contenido estimulante era tremendamente grande.

La forma en la que pude manejar este asunto fue buscando actividades que fueran también estimulantes. Aquí una lista de posibles medios para mantener ocupada la mente.

- Tomar cursos en línea.
- Asistir a clases presenciales. Esto tiene la ventaja de que se puede conocer personas y hacer nuestra vida más rica.
- Leer.
- Escribir.
- Escuchar audiolibros, podcasts, conferencias de temas de nuestro interés, etc.
- Ver documentales, charlas Ted, tutoriales, etc.

- Aprender a tocar un instrumento musical.

- Entrar a un grupo de deporte, danza, lectura, idiomas, etc.

- Dejar el celular en una habitación diferente y tener un libro a la mano para cuando tengamos ganas de utilizarlo.

- Meditar.

En los momentos en los que se está abandonando un hábito/dependencia, la herramienta más útil es engañar al cerebro para que no se centre en lo que le hace falta. Con el tiempo, la ansiedad por lo que se está dejando disminuye y nos damos cuenta de que no sólo abandonamos el hábito, sino que las actividades que realizamos para sustituirlo hicieron nuestra vida mucho más interesante.

Vivimos en la era de la información. Se puede acceder a casi cualquier tipo de conocimiento de manera gratuita a través de plataformas como YouTube.

2.3 Resumen

Como un breve repaso de lo que hablamos en las páginas anteriores mencionaré que el estímulo constante al que estamos expuestos en la actualidad tiene consecuencias en el sistema de recompensas de nuestro cerebro. Este sistema es generalmente el que se encarga de que nos sintamos bien o tengamos interés por hacer cosas.

El estímulo constante genera que cada vez menos cosas nos resulten interesantes. Hemos creado la necesidad de revisar nuestros móviles cada 2 segundos cada vez que tenemos la oportunidad o nos encontramos en un lugar potencialmente aburrido.

Es importante aprender a estar aburridos. Esa sensación hace parte de la vida y es necesario no huir cada vez que se presenta, pues lo que logramos es que cada vez menos cosas despierten nuestro interés-emoción. Entre ellas, nuestra relación.

El consumo habitual de pornografía eleva de forma muy importante este efecto. A tal punto que en los hombres puede causar disfunción eréctil con parejas reales. La forma en la que la pornografía estimula el sistema de recompensas del cerebro hace que el estímulo recibido por las relaciones sexuales con parejas reales sea bajo en comparación a lo que estamos acostumbrados.

Capítulo 3
Autoimagen

Existe un viejo dicho que reza **mente sana en cuerpo sano**. Un cuerpo sano no es solamente el de aquellos que aparecen como modelos fitness en Instagram, TikTok o las modelos que vemos en los programas de farándula. Expertos como nutricionistas o deportólogos mencionan que muchas de esas personas se ven muy atractivas, pero sus órganos internos han sufrido mucho por la cantidad de esteroides o mezclas que han tomado para lograr estar a esos niveles de volumen, delgadez o marcación muscular.

Más allá, muchas de esas personas se realizan cirugías de reducción de grasa, marcación o implantes que luego hacen pasar como resultados del ejercicio. Es por esto que cuando muchas personas inician un cambio para hacer más actividad física o deporte, teniendo como referencia a personas que lograron resultados a través de cirugías, lo que se logra por lo general es mucha frustración y abandono de los hábitos saludables.

Dicho esto, otro tema importante para tener en cuenta es que no es una obligación tener un cuerpo que responda a los cánones estéticos hegemónicos, es decir, un hombre con pecho inmenso, brazos grandes y abdominales marcados, o mujeres con piernas gruesas, cintura de avista y cola grande.

Hay demasiada presión respecto a cumplir con las exigencias de estos cánones y no pretendo que el tema que trataré a continuación sea visto como un imperativo o algo obligatorio. Es simplemente otra forma de jugar con el cerebro para que nuestra vida en pareja sea más placentera.

Incluso vamos más allá. Existe una realidad que estoy seguro de que hemos podido constatar cada uno desde su vida cotidiana. Las mujeres podrán haberse dado cuenta de que los hombres queremos *ser más grandes*, tener mayor volumen muscular, de lo que para ellas resulta realmente atractivo. Los hombres también hemos podido ver que las mujeres sufren mucho por no verse suficientemente delgadas, mientras que para nosotros pueden ser perfectas a nivel físico.

El científico Peré Estupinyá tiene un libro llamado La ciencia del Sexo, donde hace mención a una entrevista realizada a un neurocientífico, quien le comentó que cuando se revisan las búsquedas de pornografía que realizan los hombres, casi ninguno usa la palabra "delgada", mientras que muchos sí usan palabras para buscar chicas rellenas.

En el estudio que cita Peré, se compararon los niveles de delgadez que hombres y mujeres consideraban que serían atractivos para sus parejas. Es decir, a las mujeres le preguntaron qué tan delgada creían que tenía que ser una mujer para ser atractiva a los hombres; al mismo tiempo, pidieron que dijeran qué tan atractivo era un hombre en varias fotos. Con los hombres hicieron exactamente lo mismo, hacia las mujeres. La fotografía con la que hicieron el estudio era la misma persona, alterada con programas de edición de imágenes para verse más delgada o gorda.

El resultado fue que las mujeres consideraban que a los hombres les gustan las mujeres más delgadas de lo que ellos efectivamente dijeron que les resultaba más atractiva. Los hombres, por su parte, pensaban que a las mujeres les gustaban los hombres un poco más gruesos de lo que ellas dijeron que efectivamente les gustaba. Es decir, en general, las mujeres creen que deben ser más delgadas para resultar atractivas a los hombres, mientras que los hombres creemos que debemos ser más musculosos para resultar atractivos a las mujeres.

Lo importante aquí es que nuestra percepción de lo que le resulta atractivo a los demás suele ser un poco exagerada. En el caso de las mujeres hacia la delgadez, en el caso de los hombres hacia la robustez.

Sea como fuere, no es muy sano o realista que nuestros objetivos de una mejor vida a nivel físico sea tener un cuerpo de modelo o influencer. No es algo necesario, pero tú lo quieres lograr, no existe impedimento alguno. También es importante saber que, para lograr tener un abdomen totalmente marcado, músculos de acero, etc., se deben hacer grandes sacrificios.

No obstante, es indudable que mantener un aspecto saludable y en un rango de delgadez y masa muscular deseable nos hará, generalmente, más atractivos para nuestras parejas.

Es una queja recurrente de las parejas que han estado juntas un tiempo importante el hecho de que una vez se empezó a vivir juntos, el otro llegó a relajarse respecto a su aspecto, al grado de que pareciera que no le importa ser atractivo para compañero o compañera.

Este hecho se acentúa si intervienen otros roles en la pareja, tales como el ser padres. Muchas veces se asume la figura de *la madre*, pura, hogareña, dejando un poco de lado la figura que acompaña al rol de esposa, novia, compañera afectiva. Algo similar ocurre con los hombres, en el que la imagen del esposo y padre de familia se asocia con sobre peso y descuido personal.

Seamos sinceros un momento. Responde esta pregunta

¿No te gustaría que tu pareja actual modificara algún aspecto de su físico? ¿Te resultaría más atractivo si redujera un poco su barriga, su papada, si tuviera el pecho un poco más marcado, un corte de cabello diferente, etc.?

De nuevo, perseguir estereotipos de belleza no es positivo en ningún escenario, pues por lo general se logra frustración. Pero también es importante saber que el ser atractivo para tu pareja está condicionado por muchos factores y el sueño de que mi esposa o esposo me resulte atractivo por el mero hecho de que estoy enamorado o enamorada de él o ella es una ilusión.

En mi opinión, una gran responsabilidad que se debe cumplir durante toda la relación es buscar ser atractivo para nuestro compañero o compañera. No solo físicamente, es verdad, pero también físicamente. Es decir, cómo me veo no es lo más importante, pero eso no quiere decir que no sea importante.

Lo primero y principal siempre va a ser hablar con nuestra pareja. Saber qué aspecto le gustaría que mejorara. Las relaciones son interacciones que se deben renovar permanentemente. Y esto sucede porque los seres humanos cambiamos todo el tiempo. Debemos buscar caminos que permitan que, a pesar del paso del tiempo, nuestra relación se sostenga por algo más que el simple hecho de que existe un compromiso.

Existen algunas líneas generales respecto a lo que nos resulta atractivo. Por esa razón, este capítulo se dividirá en cuatro secciones. Primero hablaré sobre el sobrepeso y cómo atacarlo. Aquí también entra el subpeso. Luego daré algunos trucos para poder generar un poco de marcación en el cuerpo. Posteriormente me detendré en el uso de prendas de vestir y cortes de cabello y una parte especial dirigida a los hombres (que puede ser de mucho interés para las mujeres), en la que trataré el tema de la calvicie y barba.

3.1 Sobrepeso

Debo confesar que el título de este acápite es una especie de gancho. Cuando se habla de composición corporal, el peso de una persona es casi irrelevante. El peso es únicamente un número que muestra una característica de la masa de nuestro cuerpo. Pesar mucho o muy poco no es en sí mismo una muestra de salud e incluso estética. Así que lo primero que debemos tener claro es que *el peso sólo es un número*.

De acuerdo con la Organización Mundial de la Salud -OMS-, el sobrepeso y la obesidad, se refieren a la acumulación de grasa en un grado que puede ser perjudicial para la salud. Y es que, aunque hay personas que tienen algunos problemas genéticos u hormonales (generalmente de la glándula tiroides) que los lleva a tener una tendencia a acumular grasa fácilmente, por lo general la acumulación de grasa está relacionada con un estilo de vida sedentario y alimentación no balanceada.

A nivel de salud corporal, los problemas más comunes relacionados con la obesidad y el sobrepeso son:

- Cardiovasculares: problemas del corazón que lleva a cardiopatías y accidentes cerebrovasculares (cuando se detiene el flujo de sangre a una parte del cerebro).
- Diabetes tipo II: resistencia a la insulina.
- Trastornos locomotores: osteoartritis.
- Cáncer: ovarios, próstata, hígado, riñones, colon, entre otros.

Que estos problemas estén relacionados con el sobrepeso o la obesidad no quiere decir que sea la obesidad en sí la que los causa. Es decir, no es la grasa acumulada la que causa que una persona desarrolle algún tipo de cáncer o empiece a sufrir de diabetes. Sin embargo, la grasa no se acumula por generación espontánea. En realidad, está directamente relacionada con nuestros hábitos de vida, y son estos últimos los que se combinan para causar este tipo de enfermedades.

Anteriormente, para saber si una persona se considera en sobrepeso u obesa se utiliza una técnica conocida como Índice de Masa Corporal -IMC-. Un cálculo que se realiza comparando el peso en kilogramos con la talla en centímetros de la persona adulta (este indicador no se usa en niños).

La operación matemática es bastante sencilla: se toma el peso de una persona (expresados en kilogramos) y se divide por la altura (que se debe poner en metros al cuadrado). Si me lo preguntan, cómo llegar a metros al cuadrado aquí es irrelevante. Tal vez si este libro se hubiera escrito a inicios de este milenio, enseñar a hacer esta operación valdría la pena.

Hoy es cuestión de buscar la palabra IMC en Google y como resultado se obtendrán cientos de calculadoras que hacen la operación automáticamente, una vez se aporten los datos de kilogramos y centímetros. La calculadora nos dará un número, que corresponde a nuestro IMC y se interpreta de la siguiente forma.

Tabla 1 Interpretación del IMC

IMC	Clasificación
Menos de 18,5	Peso insuficiente
18,5 – 24,9	Peso normal
25 – 26,9	Sobrepeso en grado I
27-29,9	Sobrepeso en grado II
30-34,9	Obesidad tipo I
35-39,9	Obesidad tipo II
40-49,9	Obesidad tipo III o mórbida
Más de 50	Obesidad tipo IV o extrema

Este indicador ha venido entrando en desuso, precisamente porque sólo relaciona números de masa corporal y altura. Sin embargo, no tiene en cuenta de qué está compuesta esta masa. Hay personas muy delgadas que tienen un porcentaje alto de grasa corporal. Lo cual es un síntoma de que algo no está bien.

En su lugar, cada vez toma más fuerza la medición de grasa corporal, la cual se refiere a qué porcentaje de nuestra masa está compuesto por grasa. En algunos gimnasios y consultorios médicos hacen esta medición a través de un escáner que permite ver la composición y calcular los porcentajes. También se puede tener el dato a través de la medición con unas pinzas llamadas lipocalibre. Se pellizcan algunas parte del cuerpo y estas medidas se pasan a una tabla, que muestra nuestro porcentaje de grasa corporal.

Estas son formas de tener estos datos lo más exactos posibles. Sin embargo, en nuestro caso, no es necesario contar con tal nivel de detalle. Algo que hay que tener en cuenta es que existen algunas básculas digitales que vienen con calculadoras internas que realizan un procedimiento parecido al del cálculo del IMC. Presentan, no obstante, las mismas dificultades de este indicador, pues sólo tienen en cuenta peso y altura. Mi recomendación es que no le prestes atención a este tipo de aparatos. El único dato importante en una báscula es el peso.

Para tener una idea aproximada de nuestro porcentaje de grasa corporal, puedes mirarte frente a un espejo de cuerpo entero o tomar una foto por delante y detrás.

Esta imagen compararla con algunos modelos que son relativamente aceptados. Dicho con otras palabras, al tener cierto porcentaje de grasa corporal, lucirás más o menos de cierta forma.

Los hombres tendemos a acumular grasa en la zona media del abdomen y el pecho. Tal como se ve en la imagen, conforme aumenta el porcentaje de grasa, la figura se va volviendo más rellena. Primero se ancha la barriga, luego el pecho, piernas, cuello y espalda.

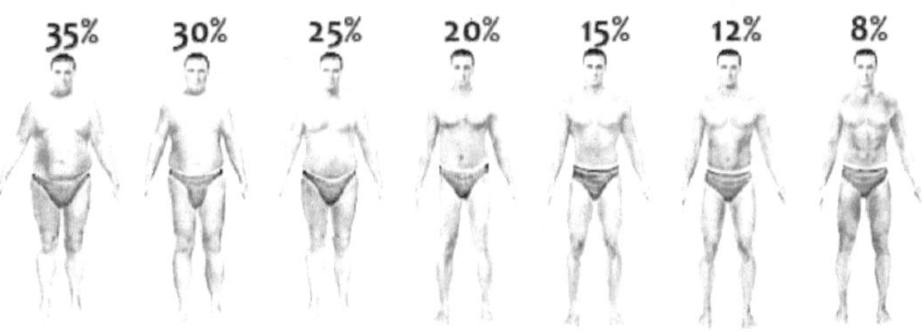

Las mujeres tienden a acumular grasa en la zona baja del abdomen, piernas y caderas principalmente. Los senos también son una zona donde se acumula grasa fácilmente. Por esta razón, una mujer que sube de peso (grasa) es muy probable que note que su busto ha crecido. En realidad, también lo notará su novio, esposo o compañero, ya que los hombres disfrutamos bastante la forma que va adoptando el cuerpo de las mujeres.

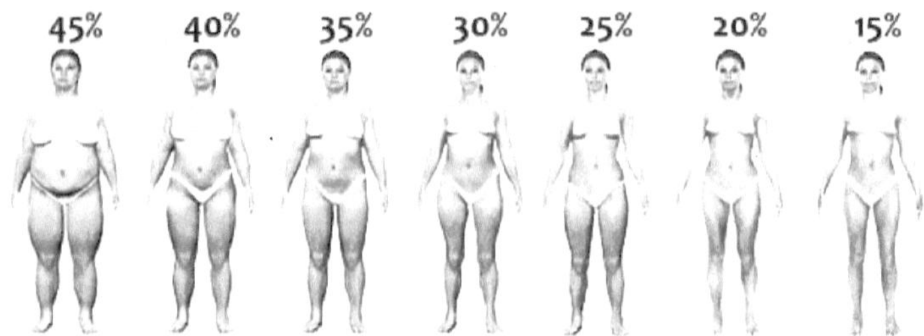

Así que el primer paso es reconocernos en las gráficas anteriores. Una buena opción es preguntarle a una persona de confianza en qué nivel nos ve, pues nuestra imagen de nosotros mismos suele ser algo engañosa.

Ahora necesitamos una báscula. Si bien el número que identifica nuestro peso no es lo principal, es necesario contar con este dato. Puede que no tengamos un porcentaje de grasa corporal muy alto. En este caso, aunque no se vaya a buscar subir o bajar de peso (grasa), es una buena idea conocer qué es lo que estamos comiendo y cómo debe estar organizada en general nuestra dieta.

Claves para pesarnos correctamente

Durante el día nuestro peso cambia constantemente. Tomamos agua, comemos, vamos al baño y, por algún fenómeno físico relacionado con la gravedad, no pesamos igual en puntos diferentes del espacio. Es decir, si me peso en la sala de mi casa y luego me peso en mi cuarto, es muy probable que el número que arroje la báscula sea diferente por un kilo aproximadamente.

Por esta razón, es importante que la forma en la que nos pesamos. Aquí te dejo algunos tips:

✓ Utiliza siempre la misma báscula. Los registros varían entre básculas. Por esta razón, debemos usar siempre la misma báscula.

✓ Pesarse siempre en el mismo lugar de nuestro hogar o gimnasio.

✓ En la mañana.

✓ Después de ir al baño debido a que habremos expulsado desechos que no consumen energía (lo cual es básico para los cálculos).

✓ Debemos estar en ayunas.

✓ Pesarnos en ropa interior, para que no se cuente como parte de nuestro cuerpo el peso de la ropa.

✓ El peso es el promedio semanal. Esto quiere decir que, sabiendo que por diferentes factores la medición va a ser diferente cada día, debemos hacer un promedio semanal de lo que pesamos para tener una idea más cercana a la realidad de nuestro cuerpo.

Existe un principio que aplica para cualquier cuerpo, en cualquier época y lugar del mundo: *la energía no se crea ni se destruye, sólo se transforma.* Esto quiere decir que, de nuevo, aunque existen personas con algunas predisposiciones genéticas que facilitan la acumulación de grasa, en la absoluta mayoría de los casos, somos nosotros mismos los responsables del cuerpo que tenemos en la actualidad.

La forma en la que el cuerpo acumula grasa se explica porque los seres humanos evolucionamos para adaptarnos a un contexto en el que la comida era limitada y había que esforzarse mucho para acceder a ella.

Mucho antes de que se inventara la agricultura y pasáramos a ser una especie principalmente sedentaria, era necesario cazar y recolectar la comida. Por esta razón, no era posible comer como lo hacemos en nuestros días, casi seis comidas al día. Se podía comer una vez al día e incluso menos, pues todo dependía de cómo resultada la caza y qué tan rápido se descompusiera (pudriera[10]) la comida.

---

[10] Un dato curioso de la historia de la comida es que el uso de chile o ají picante con las comidas se debe a que, al quemar las papilas gustativas, el ají o chile permitía que las personas pasaran un poco desapercibido el sabor de la comida podrida, debido a la falta de refrigeración. La función de este condimento era que pudiéramos alimentarnos con comida en estado de descomposición.

Así las cosas, nuestro cuerpo está programado para aprovechar la comida extra que ingerimos, almacenándola para utilizarla en tiempos de escases. Ésa es la forma en la que funciona el principal concepto que vamos a utilizar para realizar nuestros cálculos: el **balance energético**.

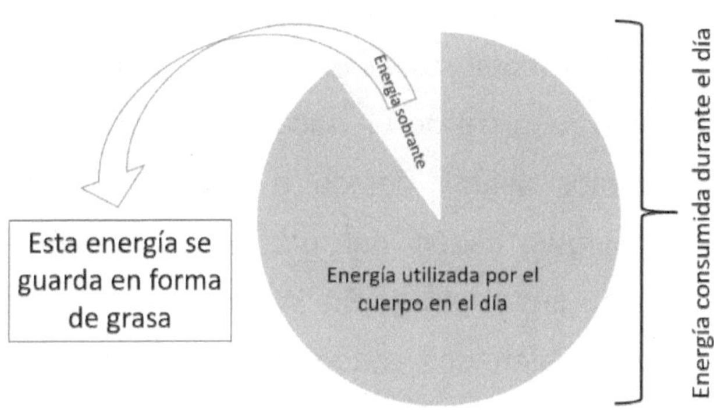

Un hombre promedio tiene un porcentaje de grasa corporal de aproximadamente 30%. Como se puede apreciar en la imagen referente a porcentaje de grasa corporal, si quieres lograr una marcación corporal como la de, por ejemplo, Brad Pit en el Club de la Pelea, se debe alcanzar un nivel de grasa corporal de cerca 12%. Sin embargo, esto requiere de una disciplina y hábitos que llevan un sacrificio enorme con la comida, descanso, bebida, etc. Mi objetivo aquí es poder realizar cambios para mejorar tu relación contigo mismo(a) y con tu pareja, no que te conviertas en modelo.

Determina cuál es el porcentaje de grasa que te parece deseable. Una meta que sea realista. En el mundo del fitness es muy común que los entrenadores o influenciadores de turno sean personas con grandes volúmenes de músculo y poca grasa corporal. Como lo dije hace un momento, lograr estos resultados es posible, pero requiere de un sacrificio enorme que muy poco podemos asumir debido a su costo, gasto de tiempo, energía, estrés del día a día y diferentes obligaciones, entre otros. En ocasiones se necesita hacer uso de esteroides anabólicos, lo cual no es nada recomendable.

El resultado más común cuando una persona empieza a entrenar o a cuidar su alimentación, teniendo en mente parecer un modelo fitness es que al cabo de 2 o 3 meses abandona el proceso debido a la frustración por encontrar la meta inalcanzable.

Lograr cambios corporales toma tiempo. Disminuir el porcentaje de grasa corporal es un camino de meses, en ocasiones de años, dependiendo del porcentaje que se tenga. Pero la recompensa es absolutamente maravillosa. También tienes que tener en mente que, si tu objetivo es pasar de 35% a 20%, el cambio no es abrupto; es decir, no vas a pasar el 99% del tiempo viéndote como alguien con 35% de grasa corporal y el último día cambiarás a 20%, sino que tu aspecto irá transformándose gradualmente si eres constante.

Y para esto puede ser muy útil contar con una motivación inicial. En ocasiones dicha motivación nos permite dar el paso inicial en una transformación de vida tal que en un par de años no reconocemos a la persona que dejamos atrás.

Dejando un poco de lado la motivación, regresemos a los números. Supongamos que tienes cerca de 30% de grasa corporal. Digamos que pesas 80 kilogramos. El 30% de dichos 80 kilos son 24 kilogramos. Si queremos llegar a un estado cerca del ideal de 15% de grasa corporal, debemos verlo de forma sencilla, bajando a la mitad esos 24 kilogramos. Es decir, tendríamos que perder 12 kilogramos de grasa.

¿Cómo? Hablemos del concepto de **balance energético**. Como decía anteriormente, la causa de la pérdida o ganancia de peso es el hecho de que, en palabras sencillas, consumimos más energía de la que gastamos. La forma en la que tradicionalmente se mide este concepto es las **calorías**.

Una caloría es una unidad de energía térmica. Es la cantidad de calor que se requiere para poder elevar la temperatura de un gramo de agua en 1°C. Cada alimento que consumimos (excepto algunos, como el agua) contienen una cantidad específica de energía, medida en calorías.

Dependiendo del peso, la edad y el sexo de cada persona, sus necesidades energéticas varían. Por esta razón las dietas mágicas no funcionan y nunca funcionarán. Mejor dicho, funcionan en términos de que se puede bajar de peso, pero está comprobado que tienen tres grandes problemas:

1. Muy pocas personas logran bajar de peso con estas dietas.
2. La gran mayoría de las personas que lo logran, tienen un efecto rebote que hace que vuelvan rápidamente al punto donde iniciaron o incluso suban más de peso.
3. Estos cambios abruptos y exagerados generan problemas de salud en el mediano y largo plazo.

Uno no puede simplemente empezar a cortar alimentos sin saber siquiera qué es lo que necesita su propio cuerpo. Por esta razón, aunque aquí encontrarás algunos principios básicos que yo he utilizado para jugar con mi físico, la mejor decisión es visitar a un nutricionista que nos acompañe en este viaje. A largo plazo, pagarle a un profesional resulta siendo más barato.

Pero entremos en materia. Calcular nuestros requerimientos calóricos debemos tener en cuenta dos factores principalmente, peso actual y tipo de actividad física que realizamos día a día (esto se refiere a qué tanto nos movemos). En este sentido, la primera inversión que deberíamos plantearnos hacer es la compra de una báscula casera. En la actualidad son muy económicas. En Colombia se puede conseguir una por el orden de los 10 dólares, con envío incluido.

El juego del balance energético se resume a mantener el peso, subir de peso o perder peso. Para **mantener el peso actual** (sin tener en cuenta la relación grasa-músculo), en reposo, es decir, estando acostados sin movernos, cada día requerimos de 22 calorías por cada kilogramo de peso.

Supongamos que tú pesas 100 kilogramos. Para saber cuántas calorías requerirías para mantener tu peso estable, multiplicamos esos 100 Kg por las 22 calorías de que hablé anteriormente. Pero este número sólo te dice cuántas calorías necesitarías **si permaneces**

acostado todo el día. Para mantener los 100 kilogramos de peso, deberíamos consumir 2200 calorías.

Muy pocas personas permanecen en reposo todo el día. Así que este número se debe ajustar, dependiendo del tipo de actividad que se realice durante el día. Aquí es muy importante no sobrevalorar las actividades que hacemos, pues muchas veces creemos que no somos sedentarios porque vamos al gimnasio una hora al día. Nada más lejos de la realidad. Si bien es muy útil realizar actividad física, si el resto del día permaneces sentado en la oficina o puesto de trabajo, eres una persona sedentaria.

El ajuste de las calorías en reposo se realiza de la siguiente manera. En nuestro ejemplo, las 2.200 calorías deben multiplicarse por el siguiente factor:

- Sedentario (trabajo de escritorio): **1,3 – 1,5**
- Ejercicio moderado (mayor actividad física en el día a día): **1,5 – 1,7**
- Ejercicio intenso (trabajos con alto nivel de actividad física): **1,7 – 2.0**
- Ejercicio intenso 7 días a la semana (deportista de alto rendimiento): **2,0 – 2,2**

La mayoría de nosotros, así hagamos ejercicio varios días a la semana, clasificamos como sedentarios. Cuando yo empecé a hacer ejercicio, luego de un par de años sin tener mucha información sobre ejercicio o alimentación, este punto fue mi mayor desmotivación.

Erróneamente, pensé durante muchos años que hacía ejercicio intenso, pues iba al gimnasio 5 o 6 días a la semana. Las veces que intenté calcular cuánto debía comer para subir de peso (ése era mi objetivo en aquella época) y pasar esto a las comidas que debía hacer (incluso sin tener idea de calcular macros… tema que veremos más adelante), noté que era demasiada comida y nunca podía lograr los números. Esto resultó ser una desmotivación enorme, pues mis resultados no estaban acordes con el esfuerzo que realizaba.

Siguiendo con nuestro ejemplo, pesando 100 kilogramos, para mantener el peso se requieren 2.200 calorías en reposo. Este número se multiplica por 1,3 a 1,6, dependiendo de si no se hace absolutamente nada de ejercicio, más allá de caminar al bus o automóvil o ejercicio constante. Utilicemos para este ejemplo a una persona que sólo camina al autobús o al coche de camino al trabajo. Multiplicamos 2.200 por 1,3. Esto nos da 2.860 calorías para mantener nuestro peso.

Ya sabemos que para no subir ni bajar de peso, deberías consumir 2.860 calorías al día, si pesaras 100 kilogramos.

El siguiente paso es, entonces, ajustar ese número a nuestro objetivo. Si queremos perder peso, lo recomendable es quitar entre el 15 y 30% de las calorías diarias que requerimos. Recordemos que lo importante para que se dé este cambio el punto clave es el desbalance energético.

Vayamos de nuevo a nuestra calculadora. Para restarle el 30% a las calorías que consumimos, multiplicamos el número al que llegamos anteriormente por 0,7 (pues ese 0,3 que quitamos de ahí es el 30% del que hablamos). Así, 2.860 por 0,7 nos da 2.002 calorías.

Éste es el número con el que debemos empezar el camino hacia la disminución de peso. Sin embargo, es importante tener en cuenta que hay que ajustar este dato, mínimo cada dos semanas, pues si se baja de peso y se quiere seguir bajando, es necesario ajustar el número al peso actual. Una vez se realiza esta operación un par de veces, adquirimos la costumbre fácilmente.

Saber cuántas calorías debemos consumir si queremos bajar de peso es lo primero que debemos hacer. Y, confía en mí, parece engorroso, pero acostumbrarse al número no toma más de una semana. El siguiente paso es saber que dichas calorías deben estar organizadas en macronutrientes.

Los macronutrientes se definen como las sustancias de las cuales el cuerpo toma la mayoría de la energía y de los cuales se construyen la mayoría de las estructuras orgánicas que nos componen. Estas sustancias se dividen en proteínas, grasas e hidratos de carbono (carbohidratos), y cada uno cumple una función.

Las proteínas son los componentes de las estructuras de las células. Las grasas son la forma de energía más concentrada; también ayudan a regular las hormonas. Los carbohidratos también constituyen una fuente importante de energía y se encuentran principalmente en vegetales (aquí incluidos alimentos como papas, yuca, plátano, frutas, verduras, etc.).

Así mismo, cada uno de los macronutrientes tiene una cantidad de energía. Las que mayor cantidad de energía contiene son las grasas. De allí que la energía se acumula en nuestro cuerpo forma de grasa. Cada gramo de grasa de nuestro cuerpo tiene 9 calorías. Tengamos ese número en mente, pues será de gran importancia.

Siguen los carbohidratos. Estos tienen varias clasificaciones, pero tendremos aquí la base, que son los simples (azúcares simples) y complejos (almidones, presentes en cereales, arroz, pan, etc.). El asunto con los carbohidratos es que su digestión es lenta, lo cual hace que se conviertan en grasa más fácilmente.

Por último, encontramos las proteínas. De éstas se conforman los músculos y se dividen en proteínas de origen animal o vegetal. Cuando una persona está buscando que sus músculos crezcan, debe ingerir una cantidad alta de proteínas. Así mismo, los adultos mayores deben prestar mucha atención a su consumo, pues de éstas depende la cantidad de músculo que tengamos. La mayoría de fracturas que se presentan en personas mayores por caídas simples, se dan porque la cantidad de músculos en el cuerpo disminuye con la vejez, lo cual hace que los huesos sean más vulnerables.

Debemos tener muy claro que la cantidad de macronutrientes (medido en gramos) es diferente al peso de la comida en sí. Es decir, se pensaría que, si comemos una porción de pollo de 100 gramos, estamos consumiendo 100 gramos de proteína, pues la carne animal es una de las principales fuentes de este macronutriente. Sin embargo, si tomamos la pechuga, que es la parte del pollo que tiene más carne, en realidad 100 gramos de carne de pollo nos aportan 30 gramos de proteína.

Ahora debemos calcular la distribución de macronutrientes en nuestra dieta.

La proteína se calcula con base en que se deben consumir de 1,5 a 1,7 gramos por cada kilogramo de peso que tengamos. Volvamos a nuestro ejemplo inicial. Una persona que pesa 100 kilogramos. 1,7 por 100 kilogramos da un total de 170 gramos de proteína al día. Si únicamente comiéramos pechuga de pollo, teniendo en cuenta el dato que ofrecí en el párrafo anterior, para poder consumir 170 gramos de proteína, deberíamos comer 560 gramos de pechuga de pollo. Un poco más de una libra.

Calculemos ahora las grasas. Del 15 al 30% de lo que consumamos debe ser grasa. Los carbohidratos son los más fáciles de calcular, pues su cálculo es simplemente las calorías restantes luego de calcular proteínas y grasas. Veamos esto en la práctica.

Ya establecimos que una persona que pesa 100 kilogramos y que quiere bajar de peso debería consumir 2.002 calorías diarias. También dijimos que necesita 170 gramos de proteína (para mantener lo que más pueda el músculo y pierda principalmente grasa). Esto corresponde a 560 gramos de pechuga de pollo hervida. Cada 100 gramos de pechuga de pollo contienen 165 calorías. Así que los 560 gramos de pechuga de pollo son 924 calorías. En este punto, a la persona le faltaría por consumir 1.078 calorías.

El 20% de 2.002 son 400 calorías. Una de las mejores fuentes de grasa saludable es el aguacate. Y 100 gramos de este alimento contienen 160 calorías. Así que si quisiéramos alcanzar las 400 calorías diarias, nuestra persona debería consumir 250 gramos de aguacate.

Como dije antes, los carbohidratos se calculan restando del total las proteínas y las grasas. En este caso, 2.002 calorías en total, menos las 924 de proteína y 400 de grasa dan un total de 678 calorías correspondiente a carbohidratos. Un carbohidrato bastante conocido es el arroz blanco. 100 gramos de este alimento contienen 185 calorías. Así, para completar los números, nuestra persona debería consumir aproximadamente 366 gramos de arroz blanco cocido.

Peso: 100 kilogramos		
Macronutriente	Calorías	Gramos
Grasas	400	250 aguacate
Proteína	924	560 pechuga de pollo
Carbohidratos	678	366 arroz blanco

Por su puesto, los alimentos muy pocas veces contienen sólo un macronutriente. Un ejemplo de ello es el pan: 100 gramos de pan blanco contienen 260 calorías, 8,4 gramos de proteína, 1,6 gramos de grasas y 51,5 gramos de carbohidratos. Cualquiera podría volverse loco tratando de calcular esto bien sólo con una calculadora.

La buena noticia es que en nuestros días casi todos tenemos teléfonos inteligentes y hay una gran cantidad de aplicaciones que hacen estos cálculos por nosotros. El ejercicio que debemos hacer es introducir lo que comemos en una aplicación de éstas y revisar los valores que nos arroja.

Para poder realizar estos cálculos es necesario disponer de una báscula para comida. Cuando empecé a tratar de medir lo que comía, mis cálculos eran "a ojo". Cuando decidí comprar una báscula/gramera me di cuenta de lo diferente que es la percepción a la realidad.

Lo mejor es que éstas son herramientas muy económicas. En Colombia se consiguen desde 5 dólares, con envío incluido.

Tal vez la pregunta que más nos importa frente a este tema es cuánto tiempo tomará lograr nuestros objetivos. Si bien es importante, lo es también el hecho de que requerimos un cambio en nuestro estilo de vida. Las dietas no son buena idea, ya lo mencioné anteriormente.

Sin embargo, puede motivar bastante tener una idea aproximada de las semanas o meses. En primer lugar, debemos entender que haber llegado al estado de salud/corporal en el que estamos actualmente nos ha tomado años. Por esta razón, pretender lograr grandes cambios en nuestro peso en un par de semanas es simplemente irreal. La única herramienta que logra estos cambios es la cirugía estética. Debemos armarnos de paciencia y entender que cualquier cambio tomará meses. Pero valdrá la pena.

Páginas atrás mencioné que la relación que realmente importa cuando hablamos de bajar de peso es cambiar el porcentaje de grasa corporal que tenemos. Es decir, lo que queremos es perder grasa. Parece obvio, pero debemos tener esto en mente todo el tiempo. Debe convertirse en un mantra para nosotros.

Así que regresemos a nuestro ejemplo de una persona que pesa 100 kilogramos. Recordemos la distribución aproximada de la grasa que mencioné un poco atrás y, supongamos que nuestra persona es una mujer, cuyo porcentaje de grasa corporal es de 35%. Es un porcentaje en el que es fácil encontrar a una mujer actualmente.

El 35% de grasa corporal en una persona cuyo peso es de 100 kilogramos es 35 kilogramos de grasa. Si esta persona acumula fácilmente grasa en la zona del abdomen, perder la mayoría de esta grasa debería estar asociada a un porcentaje de grasa corporal de 21%. Esto quiere decir, perder aproximadamente 14 kilos de grasa.

Recuerda que 1 gramo de grasa contiene 9 calorías. 14 kilos son 14.000 gramos, y estos representan 126.000 calorías. Un numero grande, ¿verdad? Lo que hacemos cuando comemos menos de lo que gastamos al día es crear un déficit calórico que obliga al cuerpo a utilizar la energía que tiene acumulada principalmente en forma de grasa.

En nuestro ejemplo de la persona que pesa 100 kilogramos, restar el 30% de calorías consumidas es generar un déficit de 858 calorías al día. Como cada gramo de grasa tiene 9 calorías cada día se perdería alrededor de 95 gramos de grasa. Es decir que la primera semana de planificar la alimentación, nuestra persona modelo perdería aproximadamente una libra de peso.

Esto puede parecer bastante en términos generales, sin embargo, el cambio no se notará mucho, pues es apenas un 0,5% del peso. Este dato nos permite tener una idea aproximada de cuánto tiempo podría llegar a perder esos 14 kilos de grasa que se tendría como objetivo. Veamos.

Una libra es medio kilo. Es decir que nuestra persona perdería un kilo cada dos semanas. Lo que nos lleva a que se requerirán 28 semanas para que pase de 35 a 21% de grasa corporal. Es decir, el objetivo se lograría en aproximadamente 7 meses.

Puse el ejemplo con una persona de 100 kilogramos de peso para que la base fuera un número redondo. Sin embargo, una mujer rara vez pesa tanto, por lo menos en Latinoamérica. El peso de una mujer está en promedio entre los 55 y 70 kilogramos. Por esta razón, los tiempos serán más cortos.

Una vez más, lo que acabo de exponer es apenas una guía informativa. La mejor alternativa siempre será acudir a un profesional de la salud para que nos guíe de acuerdo con nuestro perfil clínico y hábitos.

Por último, en este apartado mostraré cómo están distribuidos los valores nutricionales de algunas comidas básicas para empezar a calcular.

Alimento	Unidad de cálculo	Calorías	Proteína	Grasa	Carbohidratos
Pan blanco para sándwich	2 rebanadas	120	4g	1,5g	22g
Queso para sándwich	1 tajada	85	6g	6g	1g
Jamón de cerdo	1 tajada	45	5g	2g	15g
Huevo duro	1 unidad	77	6g	5g	1g
Pechuga de pollo	100 gramos	130	30g	6g	0
Lomo de cerdo asado	100 gramos	159	31g	3g	2
Carne asada	100 gramos	143	20g	5g	0
Arroz blanco	100 gramos	185	4g	0	40g

Alimento	Unidad de cálculo	Calorías	Proteína	Grasa	Carbohidratos
Papa al horno	100 gramos	71	3g	0	17g
Atún	Lata de 160 g	200	30g	4g	0

Estos datos se consiguen en internet fácilmente a través de aplicaciones y páginas web existentes. Otra recomendación es revisar las tablas de valores nutricionales que se encuentran en alimentos empacados. Allí se ubican otros datos como el contenido de azúcar o sodio.

Como recomendación final, algunos tips bastante sencillos:

- Deja las sodas (gaseosas). Por su contenido de azúcar las hacen una fuente importante de calorías y no aportan ningún nutriente al cuerpo. Una buena opción alternativa es consumir sus versiones sin azúcar, las cuales son endulzadas con endulzantes sin calorías. Idealmente, las comidas se deben consumir con agua.
- No consumas jugos naturales. La fruta es buena, sin embargo, casi ningún nutricionista recomendará su consumo, pues al licuarla y colarla, lo único que queda en el vaso es el

azúcar de la fruta (fructosa) y el sabor. Lo demás se pierde.

- No hacerle caso a ninguna dieta. Para bajar o subir de peso lo importante es el balance energético. Se puede adelgazar comiendo únicamente pizza, así como se puede engordar ingiriendo únicamente vegetales.

- Tampoco es relevante cuántas veces se coma al día. Hay quienes dicen que comer más veces al día es mejor. Esto es falso. Para algunas personas puede ser más conveniente ordenar las comidas de esta forma, pero se puede hacer una única comida al día o siete. El tema relevante para modificar el peso del cuerpo es el balance energético.

- Se puede comer a cualquier hora. No es cierto que después de las 6 de la tarde la comida se convierta en grasa o se digiera más lentamente.

- Las fajas tampoco sirven. Existe la creencia de que calentar ciertas zonas del cuerpo a través de fajas térmicas ayuda a quemar grasa. Esto no es cierto. Lo importante de la grasa corporal es, precisamente, la grasa. Cuando se aumenta la temperatura corporal se pierde agua. Esto deshidrata las células, pero no afecta en absolutamente nada a la grasa. Con lo que cuesta una faja, cualquier persona puede pagar la visita a un nutricionista.

- No es necesario tomar más agua. Si bien estar hidratado apropiadamente es muy importante, cada cuerpo funciona diferente y no hay un número que todo el mundo necesite. Hay que beber agua cuando se tenga sed o consultar a un médico para saber si tenemos requerimientos diferentes. Eso es todo.

3.2 Desarrollo muscular

Sofía Vergara fue la actriz mejor pagada de Estados Unidos en 2020. Claro, es una mujer muy talentosa. Pero su físico ha sido un punto importante en su éxito. El sociólogo francés Pierre Bourdieu toma el concepto de capital de Carl Marx y lo aplica a la vida cotidiana. Para él, a nivel general, una persona cuenta con varios tipos de capital por lo general cuenta con una mejor posición en el mundo.

Existe el capital cultural (educación), capital social (contactos) y capital simbólico (reconocimiento social). Sus trabajos son muy interesantes, y yo, como sociólogo, lo recomiendo para entender un poco más el mundo. Lo menciono porque el concepto de capital se ha revisado en algunos trabajos aplicado al erotismo; es decir, existe algo así como el capital erótico.

Muchas feministas estarán en desacuerdo conmigo, pues poner demasiada atención en el atractivo sexual de alguien puede ser considerado como cosifiación, es decir, tratar a las personas como cosas, en lugar de apreciar la riqueza de su identidad como individuos. Lo cierto es que ser una persona atractiva tiene ciertas ventajas en el mundo.

Siempre me ha sorprendido que, en el mundo de la moda, las modelos son mujeres extremadamente delgadas. Las modelos mejor pagadas y más reconocidas tienen cuerpos que se logran únicamente comiendo demasiado poco y se presentan como ejemplos muy negativos en términos de salud para las demás personas.

Pero, como mencioné un poco antes, se ha podido demostrar que lo que las mismas mujeres consideran que puede ser un ideal de cuerpo femenino a los ojos de los hombres, es más delgado de lo que los hombres realmente consideran un cuerpo ideal.

Por esta razón es que, aunque Sofía Vergara no hace parte de los desfiles de Victoria's Secret, haciendo uso de su gran talento, pudo aprovechar las oportunidades que se le presentaron como actriz, y llegar a donde está hoy día en la televisión mundial.

¿Por qué hago esta introducción? Porque, en realidad, un cuerpo muy atractivo en una mujer no se caracteriza por la delgadez extrema. Y ni hablar de los hombres. Aunque curiosamente en nosotros existe el efecto de pensar que las mujeres quieren hombres más corpulentos de lo que en realidad les gusta.

Por esto es importante conocer algunas claves para no sólo bajar de peso, sino que los músculos en relación con el peso en general tengan un volumen agradable. Esto también ayuda a prevenir lesiones que vienen con la edad y para mantener un buen estilo de vida.

Así que, ya que logramos establecer cómo enfocar nuestra alimentación, pasemos ahora a hablar de cómo estimular nuestros músculos para poder tener un volumen agradable. Ya comenté cómo fue que luego de un mes de ejercicio, mi esposa me miró de tal manera que simplemente no pude parar de hacer ejercicio luego de eso. Esto ocurrió sin cuidar mi alimentación, fue un efecto del ejercicio.

Empecemos con lo que no se debe hacer, pues internet y las redes sociales están plagados de consejos y productos inútiles que sólo sirven para que gastes tu dinero. Lo primero que encontramos como información cuando queremos ejercitarnos o hablamos del tema en la oficia o con amigos, es que la clave para la pérdida de peso y un cuerpo sano es realizar ejercicio aeróbico, más conocido como cardio. Se tiene la sensación de que, como la dificultad de este tipo de ejercicio es mayor, debido a la resistencia que se requiere por no contar con periodos de descanso intermedios, se esfuerzan más los músculos. Pero esto no es así.

El ejercicio aeróbico es muy bueno para la salud en general, pero no es el principal para lograr cambios en nuestro cuerpo, a menos que estos sean simplemente bajar de peso tanto en grasa como en músculo. Es importante que al perder peso se mantenga la mayor cantidad de músculo posible. Por esta razón el déficit calórico debe estar acompañado por una ingesta alta de proteínas.

El entrenamiento de fuerza nos permite gastar energía, fortalecer nuestro cuerpo y estimular los músculos de tal forma que, dependiendo de la alimentación que tengamos, pueda bajarse de peso manteniendo la mayor cantidad de músculo posible o subir de peso, principalmente de masa muscular. Es decir, perder principalmente grasa.

Para realizar los ejercicios hay unos conceptos básicos que debemos tener antes de empezar.

- Repetición: se refiere a la extensión o contracción de un músculo o grupo de músculos. En el caso de una flexión de pecho (lagartija, push up), la repetición implica el movimiento del torso hacia abajo y luego hacia arriba; en una sentadilla, la repetición incluye, igualmente, el movimiento hacia abajo y arriba.
- Serie: es un número de repeticiones.

Como regla general, antes de empezar con un plan de entrenamiento, lo mejor es visitar a un deportólogo que pueda revisar si tenemos algún problema en articulaciones, tendones, etc., pues llevar a cabo ciertos ejercicios puede significar potenciar estos problemas.

Dicho esto, es primordial entender que el entrenamiento se organiza por grupos musculares. Un grupo muscular es un conjunto de músculos que se definen por la función que desarrollan; es decir, para realizar cierto movimiento intervienen unos músculos específicos.

Veamos un ejemplo. Cuando halamos hacia nuestro rostro la mano, el brazo se flexiona por la articulación del codo. Este movimiento lo realiza el grupo de músculos conocido como bíceps (parte frontal del brazo). De otra parte, cuando la mano se aleja de nosotros, el movimiento lo realizan los tríceps (parte anterior -o trasera- del brazo).

Los principales grupos musculares son espalda, pectoral (pecho), cuádriceps (piernas), CORE (todo el abdomen y centro del cuerpo), bíceps, tríceps, hombros y gemelos (pantorrillas). El entrenamiento debe orientarse a estos grupos musculares. Es decir, al programar los ejercicios que realizaremos, debemos saber que el día 1 entrenaremos pecho y tríceps, el día 2 cuádriceps y gemelos, etc.

No es buena idea entrenar todos los grupos musculares el mismo día, a menos que el enfoque de la rutina sea lo que se conoce como full body. Y aún en estos casos, no son rutinas que se hagan todos los días. Por lo general, cuando una persona entrena de esta forma, realiza trabajo para cada grupo muscular por separado el resto de la semana y tiene un día para full body.

También es importante tener en cuenta que al hacer ejercicio de fuerza se somete a los músculos a un nivel de estrés superior al que están acostumbrados con el objetivo de crear un daño que da como resultado la necesidad de adaptación de dichos músculos para soportar ese estrés. Esta adaptación se da con crecimiento muscular o capacidad de resistencia superior.

Una parte muy importante de este proceso de adaptación es el descanso. Por esta razón, es vital que entendamos que no se puede entrenar un grupo muscular dos días seguidos, pues no estaríamos dejando descansar los músculos, con lo cual, en lugar de promover la adaptación que queremos, no sólo impediríamos que se adapten satisfactoriamente, sino que los lastimaríamos. Estas lesiones provocan que los músculos no puedan ser sometidos siquiera al mismo nivel de estrés al que estaban acostumbrados, además de dolores agudos.

Como comentario final, antes de pasar a explicar algunas rutinas sencillas, es importante hablar del miedo que sienten algunas mujeres a volverse "demasiado musculosas" por realizar entrenamiento de fuerza. Al respecto les contaré que yo mismo duré muchos (alrededor de 5) años yendo al gimnasio tratando de ganar masa muscular sin resultados. Esto debido a que ganar masa muscular requiere de combinar las rutinas adecuadas, generar algo que se llama sobrecarga progresiva y alimentarse específicamente buscando lograr este aumento de masa. Sin mencionar el hecho de que un factor clave en el crecimiento muscular es la testosterona, hormona que las mujeres producen en muy baja cantidad.

En resumen, no hay de qué preocuparse. Realizar ejercicio de fuerza mejorará la salud de cualquier mujer, la sensación de bienestar general y, a menos que su enfoque y acciones sean conscientemente orientadas al fisiculturismo, el cambio físico se centrará en postura, relación grasa/músculo y resistencia, no en volumen.

En este libro, me centraré en ejercicios que se pueden realizar en casa. Inicialmente que no se requiera ningún tipo de equipo. Sin embargo, un poco más adelante hablaré de las ventajas de contar con algunos elementos básicos cuyo precio no supera el de una suscripción semestral a un gimnasio.

Cuando vamos a realizar cualquier actividad nueva, es irreal esperar dominarla al nivel de quienes llevan años practicándola. Inicialmente requerimos algunos pasos para poder adaptarnos e incluso probar antes de meternos de lleno. Por esto, lo primero que recomiendo es que, si no estamos habituados a hacer ejercicio regularmente, empecemos con dos meses únicamente realizando cuatro ejercicios de fuerza y algo de cardio, si nos sentimos motivados.

Estos ejercicios están dirigidos a tres grupos musculares básicos: pecho, CORE (abdomen) y piernas. Como mencioné anteriormente, se debe trabajar un grupo muscular al día. Así, podremos hacer ejercicio algunos minutos al día, durante seis días y permitiremos uno de descanso.

Pecho: el ejercicio principal para el pectoral ha sido y será siempre las flexiones de pecho, también conocidas como lagartijas o push ups. Idealmente, el ejercicio se realiza en series de 10 repeticiones. Sin embargo, puede que ese número sea alto para algunas personas. En este caso, hay que recordar la regla de oro del ejercicio físico:

Una repetición bien hecha es mejor que 20 mal hechas.

Esto quiere decir que inicialmente nos centraremos en la técnica de ejecución del ejercicio, pues es lo principal. Así que, si inicialmente tu fuerza alcanza para realizar una repetición bien hecha, es perfecto. Haz una, descansa un minuto y luego realiza de nuevo el ejercicio.

Las flexiones de pecho consisten en llevar el torso hacia abajo y arriba en un movimiento continuo a través de los músculos del pectoral, los cuales tienen la función de alejar los brazos del pecho. Para ejecutar este movimiento es importante tener en cuenta la postura de los brazos, pues muchas personas abren lo más posible sus brazos a los lados. Esto es incorrecto. Las manos deben estar posicionadas a los lados y la apertura de los codos debe hacerse como se muestra en la imagen. Es importante tener cuidado con la postura de la espalda. No se debe tratar de sacar la cola, sino mantener una postura neutral para que todo el trabajo lo haga el pecho.

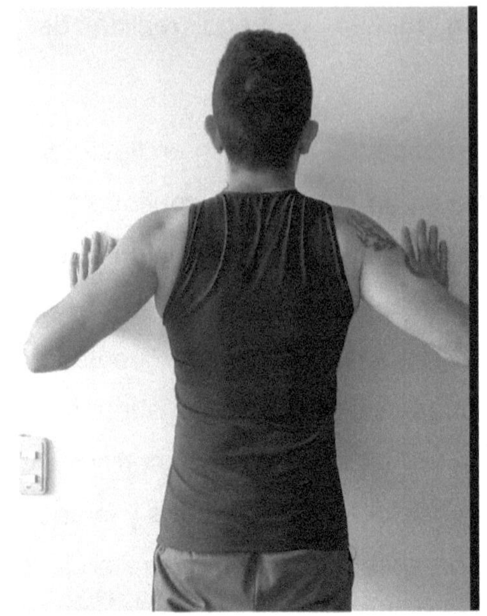

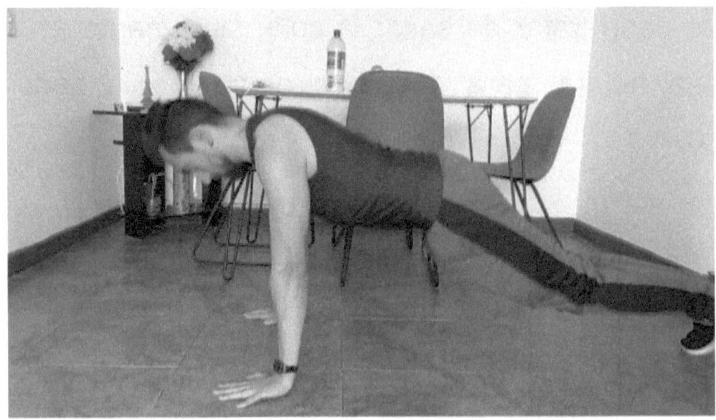

El siguiente ejercicio base son las sentadillas o cuclillas. Su ejecución es bastante simple, parece que todos la tenemos bastante interiorizada. Sin embargo, hay que tener cuidado. Si tienes algún problema con las rodillas, debes buscar algún tipo de ejercicio parecido, pues este ejercicio pone bastante presión en esta articulación.

Existe un mito respecto a la posición de las rodillas en relación con la punta de los pies. Es un mito bastante extendido en gimnasios, según el cual, las rodillas no deben sobrepasar la punta de los pies. Esto no es cierto. De hecho, es deseable que pasen un poco este punto de referencia. Para que hagamos mejor el movimiento, recomiendo usar el palo de una escoba detrás de la nuca como punto de apoyo para las manos.

Para el core, o zona media, el ejercicio principal son los crunches, una variación de lo que se conoce como abdominales. El ejercicio se trata de contraer los abdominales, con una posición inicial acostado en el suelo, con las piernas flexionadas. Es importante no levantar completamente el torso, pues así se dirige demasiada presión a la espalda. Otro secreto consiste en contraer conscientemente la zona media cuando se llega a la segunda posición del ejercicio, tal como se ve en la imagen.

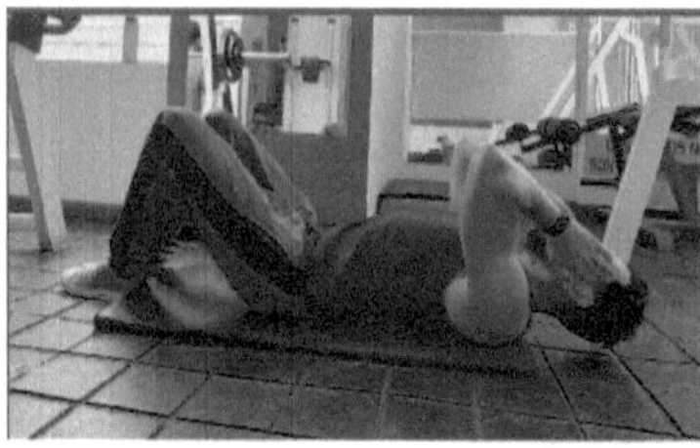

Ejercicios de resistencia cardiovascular hay muchos. Bailar es una de las formas más divertidas; sin embargo, también se puede intentar cualquier otro tipo de ejercicio, desde correr (no es muy recomendable trotar) hasta saltar lazo. Es importante mencionar que con 7 minutos de una actividad de este tipo, con una gran intensidad son mucho mejores que 30 minutos con intensidad media o baja. La idea de este ejercicio es fortalecer nuestro sistema circulatorio.

Esta rutina es muy básica, pero permite dos cosas: habituarse a realizar ejercicio cada día y probar que se pueden generar cambios con algo de constancia y esfuerzo. La motivación que se genera cuando se empiezan a ver cambios es algo muy difícil de lograr de otra forma.

Pero hay dos beneficios adicionales para la pareja: el primero es que, al esforzar nuestro cuerpo para generar más resistencia, nuestros niveles de testosterona aumentan y con esto, el deseo sexual también crece tanto en mujeres como en hombres. El segundo es que nuestra resistencia al momento de tener relaciones sexuales también aumenta, pues el sistema circulatorio se verá beneficiado. De esta forma, no sólo tendremos mayor deseo, sino que podremos mantener las relaciones sexuales durante más tiempo.

Existen algunos accesorios que se pueden adquirir para ejercitarse en casa que permiten tener incluso mejores resultados que los que se obtienen al asistir regularmente a un gimnasio, si se ejecutan correctamente. Yo mismo asistí a diferentes gimnasios durante años.

Con toda la situación generada por el COVID-19, tuve que empezar a trabajar y hacer ejercicio en casa. Los resultados que obtuve ejercitándome en casa fueron mucho mejores en cuatro meses que en todos los años que estuve yendo al gimnasio. Por supuesto, en este caso tuvo mucha relación el hecho de que al mismo tiempo empecé a controlar realmente lo que comía. Pero es importante notar que se pueden lograr resultados muy satisfactorios.

Mancuernas

Una mancuerna es una herramienta de peso libre que cuenta con una barra pequeña que sostiene dos pesos a cada lado. Generalmente, sus pesos no son intercambiables, aunque en el mercado se encuentran algunas que tienen discos intercambiables, los cuales permiten cambiar el peso con el que se hará el ejercicio.

Es recomendable que el peso inicial sea de 10 libras. En realidad, un peso menor sólo tiene utilidad en terapias para recuperación luego de lesiones. Existe una gran oferta de mancuernas, dependiendo del material, el revestimiento, la forma de los pesos, etc. En este caso es importante saber que lo importante realmente es el peso, las demás características son secundarias.

Para ejercicios de hombro, bíceps o tríceps puede ser recomendable iniciar con mancuernas de menos peso, ya que estos músculos son más pequeños y pesos muy altos pueden generar lesiones.

Bandas elásticas

Una opción excelente para realizar ejercicios con gran resistencia son las bandas. Generalmente esta resistencia se gradúa por colores, de tal forma que colores más fuertes señalan resistencias mayores. más resistencia es como si se tratara de más peso.

Las bandas tienen la ventaja de que permiten realizar ejercicios que no se pueden llevar a cabo con mancuernas o con el peso de nuestro cuerpo. Además, la tensión en los músculos se da en casi todo el recorrido del ejercicio, pues la tensión de la banda no depende de la gravedad.

Barra para dominadas

Un ejercicio del que no hemos hablado aún es, en mi opinión, el mejor ejercicio que existe para la espalda. Las dominadas (pull ups). Son increíbles los resultados que se obtienen cuando se lleva a cabo este ejercicio durante un tiempo, con disciplina. Una barra casera para dominadas es un elemento que se ajusta a cualquier marco de puerta y permite realizar este ejercicio en cualquier momento.

No es un elemento costoso y puede ser una de las mejores compras que realizaremos. Eso sí, hay que tener cuidado al momento de instalarla, ya que podemos encontrar fácilmente muchos de vídeos de personas que no se fijaron bien en el ajuste de la barra y al momento de la ejecución del ejercicio resultaron accidentándose. Una caída así puede generar lesiones tan importantes como una fractura.

Otro punto a considerar con estos elementos es la forma de anclaje al marco de la puerta. Algunas barras utilizan un sistema de apertura que puede perforar la madera debido a la gran presión que ejerce para poder resistir el peso de un cuerpo.

Rueda para trabajo abdominal

Si bien muchos conocemos la existencia de la rueda para abdomen, su correcto uso es poco conocido. La gran mayoría de las personas (casi todos los influenciadores incluidos) lo hacen mal. La ejecución debe centrarse en mantener el abdomen contraído hacia arriba, sin permitir al que regresar en el movimiento las caderas se dirijan hacia atrás de los pies. Esto logra que todo el esfuerzo lo realice la zona media.

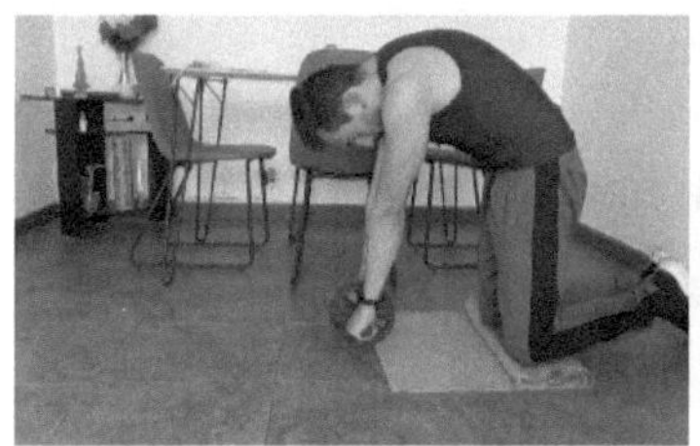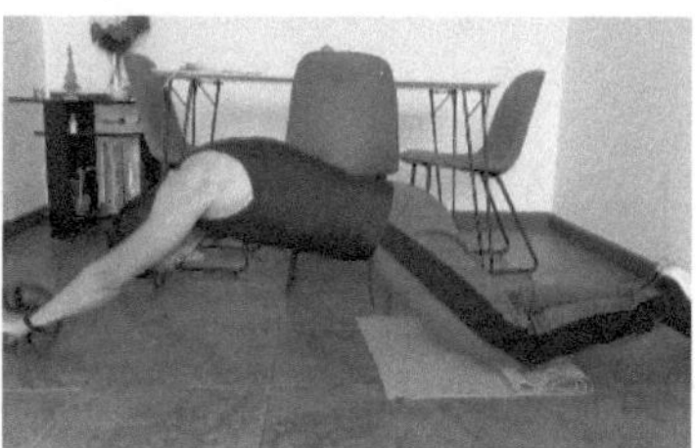

Tapete para yoga

Es posible que la realización de algunos ejercicios nos obligue a tumbarnos en el suelo. Para estos casos, la mejor alternativa es contar con un tapete de yoga. Estos implementos son fáciles de guardar (pues se enrollan y se pueden dejar en cualquier esquina), ligeros y, lo mejor, baratos. Se pueden comprar desde menos de 5 dólares.

Los dos principales ejercicios cuya comodidad mejora sustancialmente si se usa un tapete de yoga son los crunches y las flexiones de pecho que realizan las personas principiantes, pues éstas requieren que se apoyen las rodillas en el suelo y estas articulaciones sufren mucho por la presión que les significa estar sosteniendo el peso del cuerpo.

Guantes

El último elemento en la lista, pero no por esto el menos importante, es un par de guantes. Es otra herramienta que se puede adquirir por muy bajo precio y supone gran mejora en la comodidad de los ejercicios, pues el uso de bandas o apoyo de las manos en diferentes superficies puede lastimar las palmas de las manos.

No es necesario comprar guantes de diseñadores o de grandes casas. Lo importante es que la parte que protege las palmas sea acolchada. Así mismo, no es recomendable utilizar guantes que presionen las muñecas, pues esta tensión sólo es necesaria cuando se tienen problemas en estos lugares.

¿Qué elementos podría tener para iniciar?

Personalmente, recomiendo tener un set de bandas elásticas, la barra de dominadas y un par de guantes. Con estos dos elementos se pueden realizar ejercicios para todos los grupos musculares con una tensión importante, lo cual permite dar buen estímulo al cuerpo.

Rutina

Si has llegado a este punto y quieres progresar, se puede pasar a especializar los ejercicios. Este libro pretende dar un primer empujón, sin embargo, para obtener más información sobre cómo realizar un entrenamiento completo, puedes contratar a un entrenador personal o estar pendiente de mis publicaciones. En un futuro escribiré un libro especializado en entrenamiento para personas normales.

Es muy importante tener en cuenta que lograr tener el cuerpo de los influencers o deportistas reconocidos requiere de una disciplina y alimentación que muy pocas personas están dispuestas a realizar. Lograr esos resultados implica casi nunca beber alcohol, entrenar casi todos los días y controlar minuciosamente todo lo que se come. Es más, para poder tener un abdomen marcado es casi obligatorio aprender a disfrutar la sensación de hambre.

Mi enfoque se dirige a tener un estilo de vida saludable, activo, y a generar los cambios suficientes para que nos gustemos a nosotros mismos y a nuestra pareja. Para esto no hay que ser modelo. Y los demás lo notan fácilmente. Pronto te darás cuenta de que personas cercanas empezarán a hacer comentarios sobre el buen cambio que están viendo en ti.

Mi enfoque de entrenamiento se enmarca en lo que mencioné anteriormente como empuje, jalón y pierna. La forma más fácil de organizar el ejercicio es pensando en la semana laboral, buscando entrenar seis días a la semana y un día de descanso.

1. Lunes
   a. Pecho
   b. Tríceps
   c. Abdomen
2. Martes
   a. Espalda
   b. Bíceps
3. Miércoles
   a. Pierna
   b. Hombro
   c. Abdomen
4. Jueves
   a. Pecho
   b. Tríceps
5. Viernes
   a. Espalda
   b. Biceps
   c. Abdomen
6. Sábado
   a. Pierna
   b. Hombro
7. Domingo
   a. Descanso

Ésta es la rutina que yo mismo realizo y que encontré luego de años de ensayar muchos enfoques. El estudio permanente, si bien no me hizo un experto entrenador, me permitió conocer las formas más eficientes de entrenar el cuerpo y evitar errores comunes que se venden bastante bien en redes sociales.

Pecho: Como lo mencioné anteriormente, la función de los músculos pectorales son básicamente alejar los brazos del cuerpo. La división tradicional del pectoral es pectoral superior, medio e inferior. Su entrenamiento se enfoca en estimular cada parte a través de los siguientes ejercicios:

Fondos (pectoral inferior) o press de banca declinada (2x8-15)	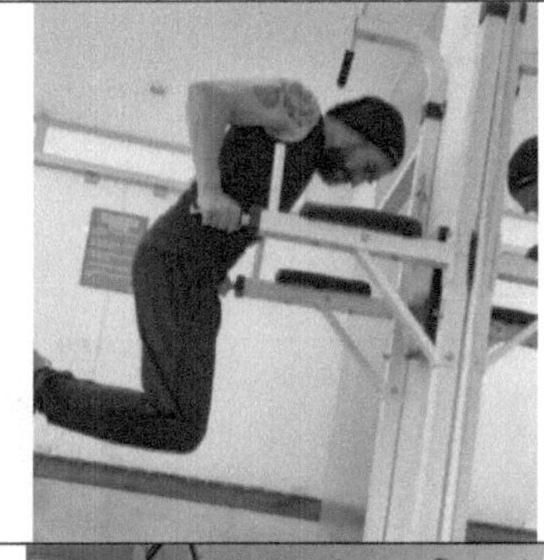
Press de banca o flexión de pecho tradicional (2x8-15)	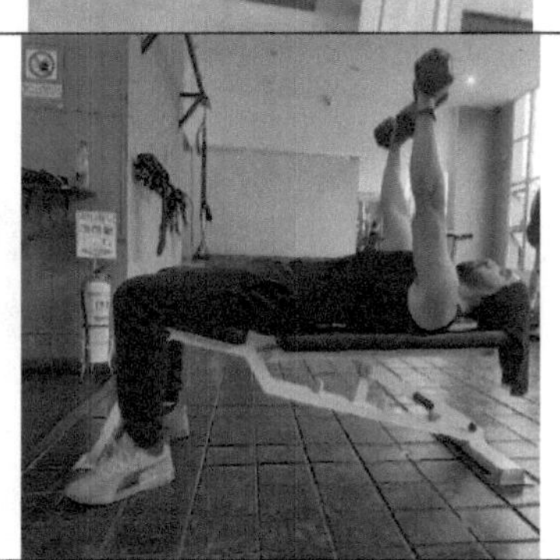

Press inclinado o flexión de pecho con pies en banca (2x8-15)	

Tríceps. La función del tríceps es alejar al antebrazo del brazo. Para estos músculos realizo dos ejercicios básicos.

Press francés (3x5-15)	
Patadas traseras (3x12-25)	

En el caso de la espalda, realizo dos ejercicios.

Dominadas (3x5-15)	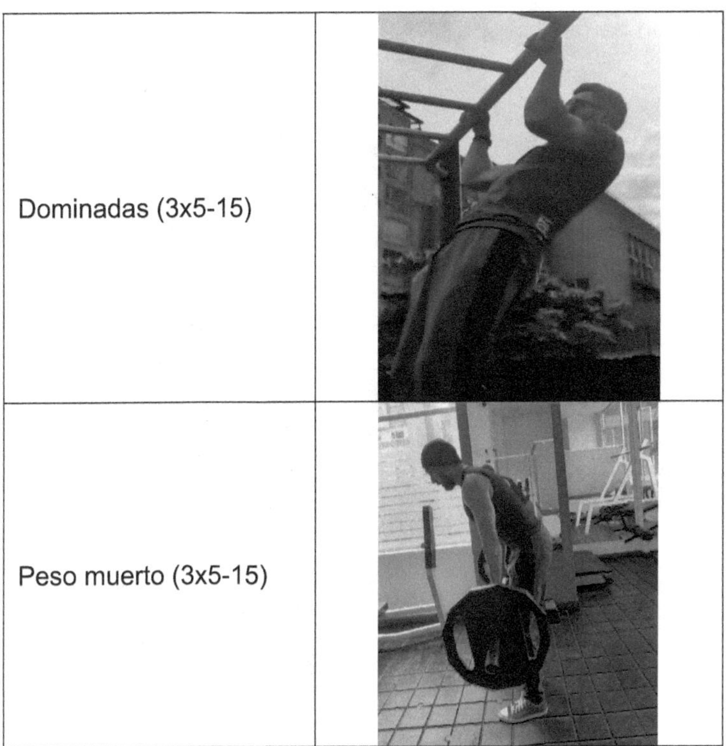
Peso muerto (3x5-15)	

Los bíceps son los músculos más sobreentrenados, luego del pecho. Para su desarrollo muchas veces las personas realizan una cantidad enorme de ejercicios y repeticiones. Con 6 series por sesión es suficiente.

Curl con barra (3x5-12)	
Curl martillo (3x15-25)	

El entrenamiento de piernas tiene dos bases. Los cuádriceps y los isquiotibiales. Para su entrenamiento realizo los siguientes ejercicios.

Sentadilla profunda (3x5-15)	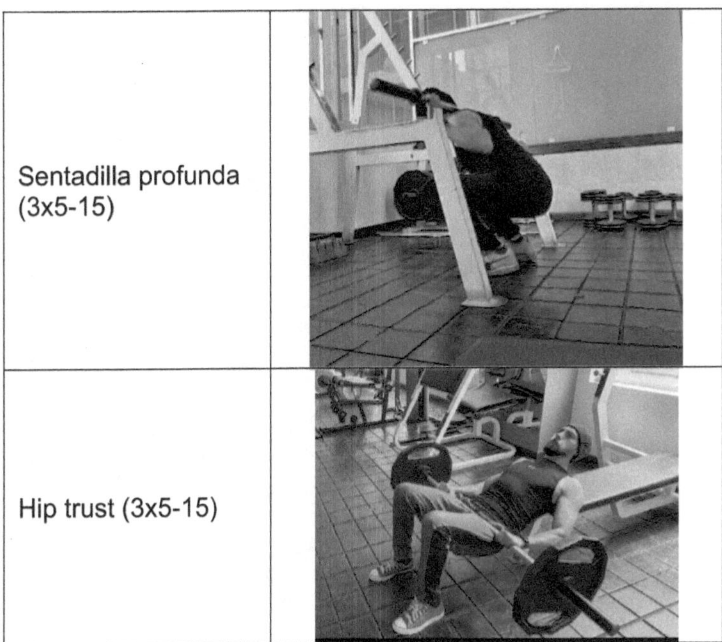
Hip trust (3x5-15)	

Los hombros cuentan con tres partes que deben ser entrenadas. Frontal, anterior y posterior. Su ejecución requiere de mínimo bandas de resistencia o un par de botellas llenas de agua que permitan ejercer resistencia para el movimiento.

Elevaciones frontales (2x10-30)	
Elevaciones laterales (2x10-30)	
Jalones a la cara (2x10-30)	

En el caso del abdomen mantengo el trabajo a través de crunches por cuatro series de 15 a 30 repeticiones, cada dos días.

Lo he repetido en varias ocasiones. Mi enfoque en el entrenamiento no busca lograr ser un modelo fitness o de Instagram. Mantener hábitos saludables respecto al ejercicio permite no solo mantener mayores niveles de energía, mejorar el ánimo en general y mejorar la salud de manera importante, sino que mantendrá el interés de nuestra pareja.

Por último, habrás notado que no presento variaciones entre los ejercicios que realizan mujeres y hombres. Esto se debe a que en realidad no existen diferencias en las funciones de los músculos que componen el cuerpo de unos y otras. En el mercado de entrenadores se sabe que existe una predilección de las mujeres por ejercicios aeróbicos, sin embargo, en términos de cumplir metas no es necesario diferenciar los ejercicios.

Eso sí, a las mujeres muchas veces no les gusta mucho que se empiece a notar la línea que separa el pecho. En estos casos, puede ser buena idea, no tratar de realizar sobrecarga progresiva, sino ejercitar los músculos para mantener la zona en buen estado, sin necesidad de que cambie mucho a nivel estético.

Existe el mito de que el trabajo de fuerza (con pesas) puede hacer que las mujeres se vean masculinas o muy musculares. Respecto a este tema, debo aclarar que el crecimiento de masa muscular, además del entrenamiento de sobrecarga progresiva y adecuada alimentación y descanso, está ligado directamente con la cantidad de testosterona que uno tiene en el cuerpo. Como las mujeres producen mucha menos testosterona que los hombres, para lograr un crecimiento muscular que pudiera llamarse "masculino" tendrían que acudir a esteroides.

Por último, algunos detalles para que no te time ningún entrenador:

- No existen ejercicios para bajar grasa abdominal.
- No es posible hacer crecer las caderas con ejercicio.
- No se puede lograr aumentar el tamaño del busto ni reducir la cintura.

3.3 Ropa y accesorios

La forma en la que nos vestimos tiene gran importancia en la percepción que tienen los demás de nosotros. En ese conjunto de personas que conocemos como "los demás" entra nuestra pareja. Hace un par de años, la diseñadora venezolana Carolina Herrera fue tendencia en redes sociales debido a que hizo algunas declaraciones respecto de algunas reglas de vestimenta que, a su juicio, deberían tener en cuenta las mujeres.

El escándalo surgió específicamente por dos de los tips que dio: que las mujeres mayores de 30 años no deberían usar jeans y que las mujeres de más de 40 años no deberían usar el cabello largo. De acuerdo con Carolina Herrera, estas dos prácticas muestran la *falta de clase* de quienes las llevan a cabo.

Al hablar con algunas personas, revisar un poco el movimiento de las redes sociales, así como mi propia opinión al respecto, pude notar que el concepto de "clase"[11] no es algo que sea útil o siquiera bien visto en

---

[11] El concepto de clase, como verbo (tener clase), ha sido utilizado durante mucho tiempo como una especie de marcador para señalar algo que se entiende como el buen gusto. En realidad, si nos detenemos un momento a pensar en la palabra nos viene a la mente el concepto de Karl Marx sobre lucha de clases. Y no está lejos de lo que realmente significa este concepto. Demos un repaso histórico muy rápido. Cuando se dio el paso de la edad media a la modernidad hubo un gran cambio en la forma en la que se manejaba el mundo a nivel económico. Los nobles eran quienes detentaban el poder económico en la edad media, pero con el paso del feudalismo al capitalismo, la importancia de los títulos de nobleza o la cantidad de tierra que se pudiera poseer perdieron importancia.
Esta pérdida de poder y reconocimiento obligó a la nobleza a crear una forma de establecer alguna otra forma para marcar una diferencia con aquellos que no eran dignos de tal reconocimiento. La respuesta fue darle mayor atención a todo lo relacionado con la

nuestro tiempo. También noté que el gusto, así como la atracción de los hombres hacia estas prendas o formas de usar el cabello va en contra de lo que opina la diseñadora.

Es decir, en nuestros tiempos, las mujeres aman usar jeans luego de los 30. Son cómodos, se ven bien, se pueden combinar fácilmente y hay gran oferta. Y a los hombres heterosexuales nos encanta ver a las mujeres con estas prendas sin importar la edad. Lo mismo ocurre con el cabello largo luego de los 40.

Según he podido darme cuenta, las mujeres que se cortan el cabello luego de cierta edad lo hacen por comodidad. Yo mismo tuve el cabello largo durante casi una década y terminé hartándome de todo lo que implicaba mantenerlo así. Como en el caso de los jeans, muchos hombres también disfrutamos de ver a las mujeres con el cabello largo.

Los párrafos anteriores tienen como objetivo señalar que, en realidad, no es tan fácil definir qué es lo que se debe usar o cómo usarlo. En mi opinión, la primera regla

---

estética: vestimenta, cortes de cabello, maquillaje, modales, etc.
En esencia, el hecho de que nos parezca que algo es de buen gusto o de mal gusto tiene todo ese pasado de marcar lo que hacen "los pobres", como se visten los pobres, como hablan, como se relacionan entre ellos, etc.

que se debe seguir con respecto a la vestimenta es sentirse bien con uno mismo.

Ahora, esto no quiere decir que, si nos gusta estar todo el día en ropa deportiva vieja y roída, lo sigamos haciendo debido a que es la ropa que nos gusta. Recuerda que el objetivo de este libro es hacerle trampa a nuestro cerebro para que la atracción y el interés se mantenga.

Casi siempre que voy a comprar ropa, mi esposa me acompaña, pues para mí es primordial que a ella le guste cómo me veo vestido. Yo me visto principalmente pensando en el contexto en el que estaré en el día (no tiene sentido ir en traje al gimnasio), pero también para mi esposa, para que ella disfrute verme.

En este sentido, tal vez una pregunta muy importante que se le debe hacer a la pareja para tener una relación con un buen nivel de interés y atracción durante mucho más tiempo o revivirlo, si es que se ha perdido, es

¿Qué tipo de ropa te gustaría que me pusiera? ¿Te gustaría que me vistiera un poco más atrevida, elegante, agresivo, etc.?

Sin embargo, hay una delgada línea entre la consulta y el control. El control nunca es bueno. El cuerpo de mi esposa me fascina y explota mi gusto cuando, por ejemplo, veo que se pone un escote. Varias veces le he mencionado esto y, aunque ella sabe lo que me produce que se vista con escotes y ha cambiado un poco su guardarropa para enfocar un poco esta parte, no está ni cerca de mis sueños más perversos.

Esto es positivo porque es bueno ceder y mantener el interés, pero no permitir que el otro sea quien dictamine cómo debemos o no nos debemos vestir. Al respecto, una amiga me comentó algún día que al inicio de su relación a su esposo no le gustaba que ella se pusiera un vestido que era bastante ceñido y corto, así que se lo dijo, insinuando de alguna forma una especie de prohibición. Palabras más, palabras menos, es como si le hubiera dicho "te prohíbo que vuelvas a usar ese vestido".

¿Qué hizo esta mujer? Primero le aclaró que él no era su dueño y que a pesar de que estuvieran en una relación y ella lo amara, él no tenía derecho a decidir cómo se vestía ella. Así que, aunque nos confesó que en realidad ese vestido no le gustaba a ella tampoco, lo usó mucho más seguido desde ese momento para reafirmar su independencia.

Dicho esto, voy a mencionar algunos tips generales en cuanto a estilo para mujeres y hombres, porque muchas veces puede que no sepamos cuál otro estilo puede que funcione más para nosotros que el que usamos en la actualidad, por desconocimiento o porque no nos sentimos cómodos con el cambio.

Mujeres

Una mirada rápida a cualquier blog sobre vestimenta femenina da una idea de algunas "reglas" que existen para la ropa femenina. En mi investigación sencilla pude encontrar algunos tips que se refieren a la ropa para mujeres.

1. Conocer bien la talla. Muchas personas usan tallas incorrectas. Esto dará un efecto visual no deseado, que no explota la idea que tenía el diseñador de la prenda y de alguna forma no encaja con nosotros.

2. Ser conscientes del tipo de cuerpo. En la sección sobre el manejo del peso, mencioné que hay una gran diferencia en la forma en la mujeres y hombres acumulan grasa en su cuerpo. Así mismo, no todas las mujeres tienen el mismo tipo de cuerpo. En internet se puede reconocer fácilmente qué prendas y de qué forma enfocar

ciertos atributos, dependiendo de cuál sea el tipo.

    a. Figura rectangular: usar preferiblemente vestidos holgados, tratando de enfocar los pechos.

    b. Figura circular: es mejor usar negro; los colores oscuros, al no reflejar tanta luz como los claros, te harán ver más delgada. Es el mismo principio que aplica cuando pintamos alguna habitación, pues usamos pintura blanca para que se vea mucho más grande/amplia.

    c. Figura de triángulo invertido: se debe buscar resaltar la cintura para hacer parecer las caderas y piernas más grandes. Una buena opción puede ser utilizar en el tórax una prenda ceñida y combinar con un pantalón claro y holgado.

    d. Figura de reloj de arena: los escotes en V pueden ser la mejor opción. No usar cuellos altos o tortuga.

3. No uses sostenes baratos. El sostén o brasier es una prenda a la que muchas mujeres no le prestan atención. Para los hombres siempre es

una sorpresa darnos cuenta del precio que puede tener esta prenda, pues para nosotros, unos buenos bóxer pueden costar 3 dólares, mientras que un brasier puede estar alrededor de los 20 dólares (en muchos países en vías de desarrollo ésa es una suma muy grande).

Sin embargo, al contar con un buen sostén los senos adoptan una forma muy bonita y mejoran mucho la comodidad. Incluso puedes jugar un poco con un poco de relleno en algunas marcas si tu copa no es tan grande.

4. La ropa con líneas horizontales puede ser el demonio para las mujeres, pues da la sensación de que las cosas son más anchas de lo que son realmente. Entonces, al usar una prenda con estas líneas te verás más ancha de lo que eres. Para las chicas delgadas puede ser una opción interesante en algunas partes del cuerpo.

5. Compra un par de tacones. Puede que no haya una prenda más sensual que los tacones. Si bien pueden ser bastante negativos para la espalda y las piernas, al usarlos se pronuncia el trasero, te ves más alta y en definitiva más atractiva. Su poder durante el sexo también es increíble. Puedes hacer el intento de la próxima vez que

> vayas a tener relaciones sexuales con tu pareja dejarte unos tacones puestos… notarás la reacción.
>
> 6. Trata de comprar lencería. No sólo será un gran regalo para tu pareja, sino que tú misma te sentirás mucho mejor contigo misma. Si te sientes sensual, te proyectarás sensual.

Estos tips fueron un pequeño abrebocas. No me extendí mucho en esta sección porque, como dije inicialmente, cada persona tiene su estilo y es desacertado dar instrucciones tan detalladas para personas que se ven a sí mismas de formas disímiles.

Sin embargo, una buena idea para ideas de cómo llevar prendas o accesorios es buscar en internet lo que te quieres poner. Páginas o aplicaciones como Pinterest están llenas de ideas sobre cómo combinar todo tipo de prendas y accesorios (consejo de mi esposa).

Hombres

La vestimenta masculina puede ser mucho más simple que la femenina. Tradicionalmente, el mercado de la moda se ha centrado mucho en las mujeres. Por esta razón, encontrar información sobre la moda masculina tiene la dificultad de que pueden ser menos las referencias que se encuentren.

Sin embargo, cada vez es más importante la estética masculina. Pensemos en lo siguiente. Hasta más o menos inicios de los años 2000, encontrar jugadores de fútbol que fueran referentes estéticos era relativamente difícil. Veamos los ejemplos de Maradona, Pelé o incluso Ronaldinho. ¿Los tomaríamos como referencia de un hombre atractivo? Lo más probable es que no.

Con el paso de los años, si bien el fútbol tenía un su lugar como el deporte más popular del mundo, aún tenía mercado por abarcar. Y este mercado estaba en que se podía atraer al restante 50% de la población mundial, las mujeres. En los últimos años, la presencia de mujeres como comentaristas en los programas deportivos ha aumentado significativamente. Ya no es tan común encontrar a una mujer que no sepa qué es un fuera de lugar, por ejemplo.

Y con este interés, también ha ganado protagonismo la estética masculina. Estoy seguro de que muchos han podido ver imágenes de varios futbolistas antes y después de alcanzar la fama. Se arreglan los dientes, cambian sus cortes de pelo, hacen mucho ejercicio (el caso típico es Cristiano Ronaldo) y, como parte de la última moda, se dejan la barba. De este último elemento, hablaremos un poco más adelante.

Tomar como referencia estos personajes puede ser una buena idea para conocer las modas y estilos. Aunque yo no tomaría como ejemplo a Messi, pues se ha sabido que a él le pagan gruesas sumas de dinero varios diseñadores por aparecer en público con trajes un poco extravagantes.

Alguna vez leí que para saber cómo se viste un hombre atractivo basta mirar una revista para caballeros cualquiera. Los anuncios dirigidos a este público muestran la imagen de un hombre de "buen gusto". Así que hablemos un poco de la ropa y accesorios.

Se supone que, por regla general, un hombre tiene un guardarropa completo con 2 pantalones, 2 camisas, 2 blazer, 2 pares de zapatos y 2 cinturones. Las t-shirt no hace parte del guardarropa como tal. Ésta es la visión clásica. Ni qué decir de los materiales, pues se habla de camisa de cuello y pantalones de lino. Sin embargo, cada vez se utilizan más prendas de jean o sudaderas (ropa para hacer ejercicio).

Existen múltiples referentes de vestimenta. Sin embargo, el mismo consejo inicial que di a las mujeres:

usa tu talla. Usar tallas demasiado grandes hacen que la ropa quede colgando, no se marca la silueta; es lo que llamamos en algunos lugares "ropa prestada". La ropa demasiado ajustada tiene el efecto contrario: se marca demasiado el cuerpo.

Existe, sin embargo, hace algunos años la tendencia a utilizar ropa que se conoce como Slimfit, ropa ajustada que busca marcar el cuerpo sin quedar vestido como el personaje de Leonel Álvarez, un jugador de fútbol colombiano conocido por sus atuendos llamativos, 1 o 2 tallas menos de lo que él debería usar. La ropa parece que fuera a explotar.

En cuanto a zapatos, el uso de zapatos formales se reserva hoy día para eventos especiales y oficina. Existe en el mercado una gran variedad de calzado semiformal, que combinado con un buen jean lucen muy bien. De igual forma el calzado deportivo se puede adquirir en diferentes modelos, los cuales se pueden utilizar y combinar fácilmente.

En cuanto a las remeras o t-shirt, si bien existen muchos estilos, es importante tener en cuenta que hay una regla básica de nuestro tiempo: nunca se usa dentro del pantalón. Esto se hace con las camisas, no con la ropa informal.

En cuanto a los colores, el negro, café y azul son las bases para comprar ropa. Esto no quiere decir que cada uno no pueda tener su propio estilo. Yo tengo una camisa rosa que, de acuerdo con mi esposa, se ve muy bien. Lo importante aquí es tener en cuenta que es buena idea contar con prendas de estos colores básicos que permitan jugar con los colores y contrastes.

Otra regla a la hora de vestir es que el cinturón debe ser del mismo color de los zapatos. Así mismo, el cinturón debe contrastar con el pantalón y la camisa. No compres cinturones muy llamativos, con grandes hebillas de animales o por el estilo. En este tipo de accesorios, menos, es más. Cuanto más simple, más elegante, así se trate de un outfit casual.

Al igual que en el caso de las mujeres, revisar aplicaciones como Pinterest utilizando palabras clave de la prenda que se quiere combinar dará una buena idea de cómo podría verse un atuendo.

Por último, los relojes son un bonus. Es muy común que, si se le pregunta a alguien la hora, sin importar que tenga un reloj, y sin importar el costo de éste, tiende a revisar la hora en su celular. Un reloj es un accesorio de moda, una joya, especialmente para hombres. Contrario a lo que se pensaría, un buen reloj llama bastante la atención. También es importante tener en cuenta los colores y materiales. Idealmente, cuero y metal; negro, plata y humo, los principales colores. Y de los estilos, lo mejor es buscar simplicidad.

Cadenas de acero y aretes pueden ser un complemento, un detalle que agrega atracción a nuestro estilo. Una buena cadena puede costar 15 dólares y una perforación en un oído cuesta algo así como 1 dólar (y no duele).

Por último, como hombres no debemos temer a buscar en internet consejos respecto a las mejores formas de utilizar la ropa que nos gusta. No se encuentra el mismo volumen de información para los hombres, pero existe una buena cantidad. Y es muy útil. Vuelvo a decirlo, lo ideal es vestirse para la pareja.

3.4 Barba y calvicie (un producto que puede servir para las mujeres también)

La moda es algo que cambia con el tiempo. Algunas corrientes de pensamiento afirman que este cambio responde a una necesidad del mercado de hacer que consumamos continuamente. Es decir, la sociedad está atenta de qué tanto se contribuye al mercado al monitorear si nos mantenemos a la moda.

En los países latinoamericanos no sufrimos mucho de este problema, pues en la mayoría no contamos con estaciones. El tener cambios constantes de clima, que generan necesidades de ropa diferente cada tres meses es una ventaja para lanzar colecciones para cada estación.

Como mencionaba, en los países sin estaciones, ésta no es una preocupación para la mayoría de las personas. Pero esto no quiere decir que estemos del todo libre de los caprichos del mercado. Pensemos en algunas épocas del mundo. La forma de vestir de los años 20 del siglo XX era muy diferente a la de los 50, 60, 80, 90 y en esta década, los nuevos 20.

Y no solo es la ropa. Los cortes de cabello y el estilo del cuerpo en general también cambian. Recuerdo a Cameron Diaz en "La Máscara". Pero luego tenemos a Selena. ¿De quién más podríamos hablar para ilustrar este punto? Shakira, Marilyn Monroe, Greta Garbo, Kim Basinger, Claudia Schiffer, Pamela Anderson o Jennifer Aniston.

En el caso de los hombres, también se tienen ejemplos de lo mucho que cambia ese estilo: Marlon Brando, George Clooney, Robert Redford, Clint Eastwood, Harrison Ford, John Travolta, Leonardo DiCaprio,

Johnny Deep, Mel Gibson, Clack Gable, Errol Flynn y Hugh Jackman son algunos ejemplos de hombres que han sido reconocidos por su atractivo y que tiene cada uno su estilo, que responde mucho a su propio tiempo.

Hubo una época en la que un hombre atractivo era un hombre perfectamente afeitado (o con un pequeño bigote pulcro), el cabello engominado peinado hacia atrás y un traje sastre perfectamente planchado. Hoy está de moda el uso de la barba y la ropa informal/casual.

Pero la barba no es algo que todos los hombres puedan usar. Si tú, querido lector, tienes la fortuna de contar con los genes que permiten hacer crecer una barba completa, disfruta este beneficio y acude a un barbero para que puedas lucirla lo mejor posible.

Para los demás, entre los cuales yo mismo me encontraba hace unos años, muchas veces es difícil siquiera pensar en dejarla crecer, pues uno mismo se siente ridículo al tener apenas algunos parches en el rostro. Lo sé, yo lo viví durante muchos años. En esos años estuve resignado a vivir mi vida como un hombre lampiño.

Pero antes de darte el secreto para hacer crecer una barba, hablemos un poco de los beneficios que tiene (especialmente en nuestra relación con las mujeres) un hombre con barba.

1. Mentón más amplio. Una de las cualidades que más se aprecia en un hombre es contar con un mentón amplio. Con una barba, esta parte de su rostro se acentúa.

2. Pulcritud. Un hombre con una barba bien cuidada genera una sensación de aseo, de auto cuidado.

3. Rudeza. Es sabido que debido a nuestro pasado evolutivo (adaptativo), un hombre que se vea peligroso, fuerte, rudo, es más valorado en el mercado de las relaciones.

4. Seriedad. Una barba bien cuidada da también una apariencia de madurez. Sabiendo que estamos en un mundo de apariencias, es una característica nada despreciable.

5. Flexibilidad. Al contar con una barba, es posible realizar cambios radicales a nuestra apariencia en tan solo un par de semanas. Busca en internet los estilos de barba que existen, verás que se puede jugar bastante al combinar con los cortes de cabello.

Como vemos, hay algunas razones importantes por las que parece ser una buena idea contar con la posibilidad de dejar crecer una barba. Pero, de nuevo, no todos los hombres tenemos la información genética necesaria para siquiera dejarnos crecer un bigote.

La buena noticia es que hace unos años me enteré por casualidad de que existe un producto cuyo uso puede mejorar notablemente la probabilidad de hacer crecer una barba y prevenir la caída del cabello. Hablemos ahora de cómo lograr darle un impulso a nuestra genética. Te presento el MINOXIDIL.

Minoxidil es un fármaco que se sintetizó con el objetivo de manejar problemas de presión arterial. En esto tiene un origen común con el viagra de Pfizer, únicamente que el minoxidil es un poco más viejo. En los 80 del siglo pasado, mientras se estudiaba este medicamento se pudo encontrar que un gran porcentaje de los participantes de los estudios reportó que había notado un crecimiento de los vellos de todo su cuerpo.

Luego de revisar los resultados, los investigadores notaron que éste era un efecto secundario bastante común. Así que luego de varios intentos, sintetizaron el componente activo en un medicamente tópico que permite estimular el folículo/vello y hacerlo creer de una manera que parece milagrosa.

Hay un capítulo de Los Simpson en el que Homero se encuentra con un *descubrimiento milagroso* para la calvicie, el Dimoxinil*. Este medicamento es muy costoso, pero logra que Homero pueda lucir una melena que lo lleva a escalar en su compañía, hasta que no puede aplicarse de nuevo y regresa a su vida normal.

Este capítulo, de la segunda temporada de la serie (1989), fue inspirado justamente en el Minoxidil, pues se creó y aún en nuestros días, existe para atacar la calvicie masculina androgénica, hereditaria. Mi papá es calvo. Mi madre me ha relatado varias veces que antes de perder contacto con él, mi padre era poseedor de una cabellera envidiable. Un par de años después de esto, cuando lo volvió a ver (en este momento mi papá debería tener unos 27 años), su cabeza ya era una bola de billar.

Este hecho me angustió mucho durante mi adolescencia, pues, aceptémoslo, ningún hombre quiere ser irremediablemente calvo. Así que tuve el cabello largo entre mis 17 y 24 años, tratando de aprovechar los pocos años de cabello que tenía.

Las buenas noticias son que el gen que hace que uno se quede calvo se transmite desde la madre. Así que nunca me quedé calvo. Sin embargo, cuando descubrí el minoxidil, mis temores se redujeron mucho más, pues es la solución definitiva a este problema.

No hay que exagerar las expectativas. El minoxidil no funciona como se ve en el capítulo de los Simpson, en el sentido de que te lo aplicas una noche y a la siguiente tienes tu cabeza llena de cabello de nuevo. Es un proceso largo, que requiere de paciencia, disciplina y dedicación. Y en el caso de la calvicie, debes saber que es algo que se debe usar de por vida, pues si se detiene su uso, se volverá al estado inicial en unos cuatro meses.

Adicionalmente, al ser usado para la calvicie, generalmente se complementa su uso con dosis de un medicamento llamado finasteride, cuya función consiste en bloquear una forma de testosterona (DTH), que es la causante de la atrofia de los folículos pilosos.

El uso de finasteride mejora enormemente los resultados del minoxidil. Sin embargo, al ser un bloqueador de DTH, se asocia también a una disminución significativa del deseo sexual. Así que, al momento de buscar información sobre minoxidil en línea, es posible que encuentres algunas personas reportando este efecto secundario. Ten presente este tema: el causante de este efecto secundario es el finasteride.

Por ser un producto estudiado para la calvicie, tengo que dejar claro que no se recomienda su uso en zonas como el rostro, ya que no existen estudios clínicos que den cuenta de los posibles efectos secundarios. Sin embargo, miles de personas alrededor del mundo lo utilizan con este fin.

Adicionalmente, el efecto del Minoxidil es volver mucho más fuertes los folículos pilosos existentes. Una de las tragedias de la calvicie genética masculina es que no solo se pierde el pelo, sino que el efecto que causa la testosterona es la atrofia y pérdida de los folículos pilosos. En este sentido, es importante que sepas que, si tienes un grado muy avanzado de calvicie, es poco probable que el Minoxidil te devuelva todo el cabello que tenías años atrás. En estos casos es mejor pensar en un trasplante capilar.

Al ser utilizado sobre el rostro, el minoxidil no sólo potencia el crecimiento de vellos en la zona de la barba, sino que este crecimiento es permanente, a diferencia de lo que sucede con la cabeza.

Vale aclarar que la forma del medicamento que se administra para estimulación capilar no es la oral. Se consigue en las farmacias, pero no la vayas a ingerir, pues lo único que lograrás será tener presión en el pecho, que puede dañar tu sistema circulatorio. En los últimos años se han utilizado algunas formas de minoxidil oral para el tratamiento de la calvicie y el crecimiento de la barba. Si quieres utilizar esta opción, asegúrate de visitar a tu médico o dermatólogo para revisar las posibilidades del tratamiento.

El minoxidil para el cabello (barba) viene en dos presentaciones principalmente: líquido y en espuma, en una concentración de 5%. Existen algunos productos que cuentan con una concentración mayor. Sin embargo, los reportes de usuarios de los productos que contienen esas concentraciones apuntan a que los efectos secundarios son de mayor intensidad, cuanto mayor sea la concentración y los resultados no varían significativamente.

El laboratorio del que se obtenga no es muy relevante, ya que lo importante es el componente activo. Sin embargo, los costos varían enormemente. Yo usé la versión de Kirkland[12], que es la más barata. De nuevo,

---

[12] Publicidad no pagada. Es una buena idea revisar los precios de los

la efectividad es la misma. No obstante, hay que tener cuidado con quien vende el producto, pues hay falsificadores que llenan los frascos con alcohol y los venden como si fuera el producto real. Esto pasa en los países donde no se consigue tan fácilmente, como Colombia.

Los recipientes tienen la cantidad suficiente para un mes de tratamiento, aplicándolo dos veces en el día, que es la dosis recomendada. Y la dosis que se debe aplicar en forma líquida es de 1ml por cada aplicación. En el caso de la versión en espuma, esta dosis es media copa dosificadora.

El método de aplicación es bastante fácil: en las mañanas y las noches se debe lavar el rostro con un jabón neutro y preferiblemente con agua caliente, buscando que los poros del rostro se abran y sea más fácil lograr la absorción del producto. Una vez seca la cara, se aplica el producto con un gotero dosificador que viene con la compra o usando el dedo índice para sacar la espuma y esparcirla por la zona donde quiera que tenga efecto.

---

diferentes laboratorios, teniendo siempre en mente que el producto tiene que estar puro, los bálsamos y shampoos que venden con este ingrediente no funcionan.

Si se usa en versión líquida, lo preferible es estar quieto un rato para que el producto sea absorbido por la piel. Debemos esperar cuatro horas con el producto en el rostro y luego quitarlo con agua y jabón neutro de nuevo. Al final de este procedimiento se recomienda utilizar una crema humectante para evitar la resequedad excesiva.

Es importante tener en cuenta que durante las cuatro horas que dura el producto en el rostro no se debe tocar la zona donde se aplicó. Y este punto es uno de los más difíciles de lograr, pues en su versión líquida, genera mucha comezón, por lo cual se debe tener mucha fuerza de voluntad.

Otra recomendación importante es que durante las cuatro horas de absorción no se debe practicar ninguna actividad que nos haga sudar, pues al hacer esto, el producto se lavará de nuestro rostro a través del sudor y se perdería su acción. También es muy importante no exponerse a la luz del sol directamente, pues el minoxidil genera una reacción que mancha la piel.

De esta forma, en el primer mes se verán pocos resultados. Sin embargo, serán notorios. Su uso suele durar entre 6 meses y 1 año continuo. Si se suspende antes de los seis meses, es posible que los avances logrados se pierdan pues no se permite al vello madurar lo suficiente para mantenerse.

Internet está lleno de instructivos respecto a cómo utilizar este producto, formas de limpieza del rostro, etc. Sin embargo, también es importante tener en cuenta que lo único que se requiere es el uso del producto. Utilizar aceites o suplementos vitamínicos como colágeno o biotina no tiene ningún efecto positivo o negativo. Sólo será un gasto de dinero innecesario.

Vale aclarar que esta información tiene únicamente fines informativos. Es importante que antes de iniciar a utilizar cualquier producto como el minoxidil o finasteride se hable con un médico, pues el producto puede reaccionar diferente en cada persona y si se cuenta con alguna condición cardiaca no es recomendable utilizarlo.

Otra recomendación general es no afeitarse durante el proceso, pero mantener el vello lo más corto posible, a través del uso de una máquina para cortar el cabello. Cuando empieces a tener resultados puedes acudir a una barbería para encontrar un estilo que te satisfaga.

Como mencioné anteriormente, no en todos los casos funciona el producto. A mí me funcionó bastante bien. Qué zonas se poblarán depende los folículos pilosos con los que cuentes. Y, de nuevo, antes de utilizarlo, lo mejor es hablar con tu médico.

Juan Sebastian Quintero

Capítulo 4
Espacio personal

Hasta este punto hemos hablado sobre cómo nos sentimos atraídos hacia nuestras parejas, qué comportamientos modernos nos hacen perder el interés y la capacidad de fascinarnos con el otro y disfrutar de actividades variadas que pueden resultar muy gratificantes, así como algunos trucos para mejorar nuestra apariencia física. Es momento de discutir muy brevemente respecto de otro truco para engañar a la costumbre: extrañarnos.

Todos hemos sentido esa explosión de sensaciones de la que hablé en el capítulo 2 (gracias a la dopamina), que nos impulsa a querer estar cerca de esa persona, hablar con ella, verla, disfrutarla a cada instante. Como mencioné en ese momento, esta sensación se desarrolla gracias a que nuestro cerebro reacciona a la novedad con una inyección muy grande de dopamina.

Sin embargo, recordemos también que a medida que pasa el tiempo la dopamina que generamos estando con esa persona va disminuyendo, al tiempo que aumenta la oxitocina. Por esta razón, nos sentimos cada vez más apegados, pero menos emocionados. Nos acostumbramos al otro. *Se nos vuelve paisaje.*

Por este efecto es muy importante buscar generar espacios de soledad en los que nuestro ser amado desaparezca para nosotros durante un tiempo y así poder extrañarle.

Un compañero de trabajo con el que estuve durante un mes casi de seguido en La Guajira, Colombia, me contaba muy emocionado sobre la relación que tenía con su esposa y el bello hogar que había logrado constituir con los años. Sin embargo, hubo un tema que me llamó mucho la atención de sus relatos. Trataré de reproducirlo aquí:

> Yo a esa mujer la adoro y ella me quiere mucho a mí también. Pero cuando el trabajo se baja, y debo permanecer en mi casa por más de 3 días seguidos, mi mujer me echa, me saca de la casa a *buscar oficio* (qué hacer) porque no me aguanta ahí metido.

Una compañera de universidad me comentaba que el matrimonio de una tía suya pendía de un hilo, pues la pareja peleaba constantemente y parece que no podían estar juntos en el mismo espacio. Por suerte, el esposo pudo conseguir un empleo en el que tenía que viajar constantemente, así que empezaron a no verse durante al menos 15 días cada mes. Luego de esto, la pareja renovó su relación y las cosas empezaron a funcionar muy bien de nuevo.

Con estos ejemplos no pretendo sugerir que la solución a los problemas de pareja consista en mantenerse alejados la mayor parte del tiempo. Es algo que funciona para algunas parejas y para otras no. Sin embargo, señala una realidad que debemos tener en cuenta:

No sólo somos esposos o padres. Somos seres humanos.

Veamos esto con más detalle.

En 1956, el sociólogo Erving Goffman presentó su libro *La presentación de la persona en la vida cotidiana*. En él, se desarrollaba un par de conceptos muy importantes en el estudio de la sociología: **roles** y **estatus**. Un estatus es una posición en el mundo, una identidad que nos es otorgada: hombres, mujeres, hijos, hijas, hermanos, hermanas, sobrinos, tíos, padres, madres, compañeros de estudio, de trabajo, amigos, amigas, novios, novias, esposos, esposas, etc.

Cada uno de esos estatus implica que nos comportemos de determinada forma en cada contexto: ¿Qué hace un hijo en navidad por su madre? ¿Cómo se relaciona con sus hermanos y hermanas? ¿Qué debe hacer una *verdadera* esposa? ¿Cómo se **es** hombre o mujer? Si nos detenemos a pensar un momento, en cada contexto se activan diferentes identidades. Esto es lo que explica la clásica imagen del esposo que deja que su madre se entrometa en su relación matrimonial, mientras la esposa reclama la falta de límites, teniendo en cuenta que su hogar ya no depende de los padres.

Pero no nos vayamos por las ramas. Si bien esto lo explica (y puede que, en muchos casos a ti, querido/a lector/a, te ocurra en algún momento), mi interés aquí se dirige a señalar que cuando estamos con nuestra pareja está activo principalmente nuestro estatus de esposo/esposa o novio/novia. Muchas parejas sufren porque al tener en hijos el estatus que pasa a dominar es el de padres, así que los **roles** (comportamientos) del estatus de esposo/esposa se ven relegados. Es decir, ya no se comportan como esposos, se pierde el romance e incluso muchas veces llegan a dejar de tener relaciones sexuales.

Como seres humanos, necesitamos tener una identidad. Nos vemos a nosotros mismos como buenos hombres, mujeres, esposos, esposas, hijos, empleados, jefes, etc. En este juego también entra la dopamina, pues es la forma en la que nuestro cerebro nos impulsa a desenvolvernos de cierta forma, pero también nos recompensa por el reconocimiento que otros nos dan. Nos sentimos bien, motivados. Ya hablé de esto en el capítulo 2, respecto de las redes sociales (esta tecnología se aprovecha de este efecto y lo explota al máximo de manera virtual).

Así que cuando nuestra principal fuente de reconocimiento y validación es el hogar y los estatus que desempeñamos allí, es de esperar que la dopamina que generamos gracias a ellos se agote mucho más rápido, pues nos acostumbramos a esta sensación. Esto es el efecto coolidge.

Por esta razón, es importante que tomemos consciencia de que, como lo dije al inicio, más que esposos/esposas y padres/madres, somos humanos. Necesitamos situaciones y espacios en los que podamos desarrollarnos como individuos, ser amigos, hijos, colegas.

Así que el siguiente desafío que tenemos como pareja es darnos espacio para estar solos. Pero no te alarmes, no se trata de alejarnos del todo. Se trata de desarrollar espacios para cada uno. En el siguiente capítulo hablaré respecto de qué cosas se pueden hacer en pareja.

Siéntate con tu pareja. Cada uno debe dibujar un plano de su casa o departamento, de su hogar. Una vez hecho esto, cada uno debe responder por separado las siguientes preguntas y dibujar en el plano algún símbolo (convención) que permita dejar plasmada la respuesta.

1. ¿Cuál es tu lugar favorito?
2. ¿Qué hace a este lugar tan especial?
3. ¿Cuál es el lugar que menos te gusta? ¿Por qué?
4. ¿Qué lugar querrías cambiar?
5. ¿Qué harías en este lugar?
6. Si tuvieras una vivienda más grande o dinero para remodelar, ¿qué nuevos espacios tendrías?

Compartan sus respuestas el uno con el otro ¿Qué actividades les gusta realizar? ¿En qué lugares? ¿Hay lugares comunes que les gusten? ¿Los horarios de uso son similares? ¿Les gustaría estar solos al realizar alguna de estas actividades? Conocer esto es importante, pues permite generar acuerdos para utilizar un espacio u otro dentro del hogar.

Cuando aún éramos novios con mi esposa, algunas veces teníamos que trabajar juntos en el mismo proyecto, haciendo las mismas tareas. Así que pasábamos todo el día juntos. De pronto, nuestras peleas aumentaban, discutíamos por cosas sin mayor importancia y muchas veces nos sentíamos hartos el uno del otro.

Por suerte, tuvimos que trabajar en la ciudad de Cartagena. Al ser una ciudad con un turismo fuerte, los precios de los hoteles eran muy altos y los viáticos que nos daba la empresa no eran suficientes para pagar un hotel de una calidad aceptable. Así que decidimos explorar la opción de alquilar un departamento a través de Airbnb. Encontramos un departamento de dos ambientes: sala-comedor y una habitación.

Vivimos allí algo más de tres semanas y descubrimos que en esta salida no peleamos ni una sola vez. Reflexionando, nos dimos cuenta de que cada uno se apropió de un espacio diferente del departamento. Ella disfrutaba de ver telenovelas, así que se quedaba más tiempo en la habitación. Por aquella época yo era más amante de la lectura y tomé la sala como mi espacio. Adicionalmente, este lugar me permitía hacer ejercicio en las mañanas sin la sensación de interrumpir su sueño.

A partir de esa experiencia, decidimos únicamente alquilar departamentos con estos espacios y nuestra vida como pareja durante esas salidas mejoró sustancialmente.

Al casarnos, alquilamos un departamento con tres habitaciones. La principal es nuestro cuarto. Cada uno tomó uno de los otros cuartos para su propio estudio, pues ahora trabajamos principalmente desde la casa, así que estamos compartiendo en el departamento casi todo el tiempo. Pero esta división de espacios nos permitió mantener una distancia durante las horas de trabajo. Distancia que disminuye el riesgo de que la convivencia se torne monótona.

Como se puede ver, un pequeño cambio y uso de espacios pueden mejorar mucho la convivencia pues, además de necesitar tiempo a solas, tenemos gustos distintos. Los padres de una buena amiga mía son muy distintos. La mujer es una señora clásica, promedio. Al hombre le gusta mucho fumar marihuana. Siendo una pareja de personas nacidas en los 60, podía existir una carga moral fuerte frente al tema de las drogas. Y tal vez lo tenga, pues a la mujer no le gustaba fumar. Sin embargo, cuando el hombre quiere fumar sale de la casa, disfruta de su gusto en algún lugar donde no la incomodaba y regresaba feliz.

Esto se puede aplicar a varios escenarios. Si sólo tienes un televisor, o por el hecho de tener hijos, uno de los televisores de la casa es para ellos y el otro debe ser disputado, una buena opción puede ser comprar un televisor adicional para otro espacio del hogar.

Ahora bien, es también saludable tener vida social individual por fuera del matrimonio. Muchas personas, cuando entran a una relación de pareja, se distancian totalmente de su círculo de amigos (en mi primer noviazgo, ése fue mi caso). Y hay momentos en los que es necesario obligarse a hacer planes con los amigos, fuera de la casa propia y alejado de la pareja.

¿Qué opciones se tienen frente a esto? Primero, llegar a un acuerdo respecto a las responsabilidades del hogar. Si se tienen hijos, coordinar quién los cuidará, por ejemplo; revisar el presupuesto para que este tipo de salidas no afecten las finanzas del hogar (de este tema hablaré un poco más adelante). Luego, hay muchas opciones:

- Suscribirse a un campeonato de algún deporte.
- Exposiciones de arte.
- Conciertos con los amigos/as.
- Un café con amigos/as.
- Ir a cine solo/a.

- Tomar clases de algún tema (música, cocina, baile, coctelería, etc.).
- Hacer deporte al aire libre o ir al gimnasio.
- Sacar a los hijos a algún plan por separado (un fin de semana papá, un fin de semana mamá).
- Leer un libro.

Hay muchas parejas que incluso toman vacaciones separados. Si tú eres alguien a quien le gusta viajar solo o con amigos únicamente, un pequeño viaje ayuda a despejar la mente y tener nuevas experiencias que incluso permiten contar con temas de conversación diferentes con la pareja.

Pasar tiempo a solas nos reconecta con quienes somos como individuos y desde allí nos recuerda por qué hemos decidido estar con nuestra pareja. También nos permite apreciarla y el que ella igualmente pase tiempo a solas, logra que, aunque vivamos juntos y compartamos la mayoría de tiempos o espacios, apoyemos mutuamente el crecimiento personal del otro.

Capítulo 5
¿Qué hacer en pareja?

Otra clave para la vida en pareja es tener claro cómo llevar las actividades que hacemos en conjunto. En otras palabras, atacar ciertos aspectos clave que por lo general son los más problemáticos. Hay un dicho muy conocido que dice que una gota de agua puede romper una piedra, no por su fuerza, sino por su constancia.

Ese dicho se aplica muy fácilmente a las relaciones, ya que algunos temas específicos pueden ser simplemente incómodos o pasar desapercibidos al inicio de una relación, pero con el tiempo se convierten en desesperantes o inaguantables. Entre ellos, el principal es el manejo del dinero. El segundo en importancia es el sexo.

Estos serán los dos temas principales que trataré en este capítulo. Pero al final intentaré dar algunas ideas respecto a actividades para aprovechar el tiempo en pareja y que éste no se gaste en la típica rutina de dos personas acostadas en la cama de la habitación, revisando las pantallas del celular hasta quedarse dormidos. No podemos dejar que nuestra vida en pareja se reduzca a eso.

5.1 Manejo del dinero

Cuando el dinero sale por la puerta, el amor escapa por la ventana

Los problemas económicos ponen una carga difícil de manejar para cualquier pareja. Éste no es un libro sobre manejo del dinero o inteligencia financiera. Al respecto existen muchos títulos muy interesantes, dependiendo del tema específico que se desee tratar.

Sin embargo, que éste no sea un libro sobre dinero no quiere decir que no se pueda tratar el tema. Unos pequeños cambios en las costumbres respecto al manejo del dinero no sólo van a mejorar la vida familiar, sino que dará una actividad y propósitos en común. Y propósitos que no son pasivos, sino que mantienen ocupada la mente de la pareja, lo que nos ayuda a traer cada cierto tiempo a nuestra querida amiga, la dopamina.

El manejo del dinero es un tema supremamente importante, un poco complejo, que muchas veces nos puede abrumar, principalmente porque una situación común es que el dinero no alcance en el hogar o que luchemos para llegar a fin de mes. Por esta razón, es importante hablar de algunos aspectos clave, que permiten abordar el tema del dinero en general:

1. Saber cuánto gastamos.
2. Identificar cuánto necesitamos gastar.
3. Realizar un plan a futuro.
4. Aprender a invertir en lugar de ahorrar.

¿Por qué es importante hacer esto en pareja? Como lo mencioné en las páginas iniciales, el matrimonio (que en este caso puede ser el establecimiento de una sociedad marital o, en otras palabras, vivir con alguien más) es una institución que nació con el objetivo de mantener cierta garantía respecto a la propiedad. Una institución que estaba reservada para la clase alta.

Al pasar a ser una costumbre de escalones más bajos de la sociedad, se pudo empezar a utilizar como una forma de aumentar la riqueza, las tierras o la mano de obra de dos familias. Es por esto que era algo común que los matrimonios tuvieran más de 10 hijos: cada hijo era mano de obra gratuita para trabajar la tierra.

Lo importante aquí es que se ha mantenido el concepto de empresa, de la unión de (por lo general) dos personas en búsqueda de un futuro juntos. Esto explica el hecho de que cuando se establece un matrimonio (en

Colombia también aplica cuando se ha vivido con la pareja más de 2 años) se crea una sociedad conyugal, la cual, al momento de disolverse, otorga la mitad del patrimonio acumulado por la sociedad a cada miembro que la componía, salvo algunas excepciones que se establecen con contratos prenupciales o capitulaciones.

Cuando formamos un hogar no sólo nos decidimos a pasar el resto de la vida juntos[13], unimos nuestras expectativas de vida, nuestros proyectos, nuestros saberes y nuestros patrimonios (a menos que se firmen capitulaciones) o nos decidimos a crear un patrimonio conjunto.

Adicionalmente, es bien sabido que en lo que respecta a la economía familiar, si todos los implicados no están alineados, es decir, no tienen la misma relación con el dinero, es difícil que se logren objetivos como tener un retiro/pensión cómodo, crear empresa, pagar la universidad de los hijos o incluso algo mínimo como ahorrar cierta cantidad de dinero.

---

[13] Aunque no siempre se cumple esta expectativa, pocas personas se casan pensando en divorciarse.

Cuánto gastamos

La primera vez que lo escuché, me pareció imposible. Pero así es. La mayoría de nosotros no tenemos idea de cuánto gastamos al mes. Ni qué decir al año. En general, nuestro comportamiento respecto al dinero es recibir el pago mensual (si tenemos un empleo) e ir gastando conforme van apareciendo las obligaciones. Es poco común contar con un presupuesto o un registro del dinero que gastamos e incluso del que recibimos.

Muchas personas piensan que el dinero no les alcanza para llegar a fin de mes y que mantener un nivel de deuda (estar endeudado) permanente es la única forma de suplir los costos de la vida diaria. Recuerdo un amigo que me dijo un día *"quien no se endeuda, no puede tener nada"*. A lo largo de los años he podido comprobar que esta afirmación no es cierta del todo. Pero no podemos saber si para nosotros es posible ahorrar si no conocemos nuestro estado financiero.

Así que el primer paso que debemos llevar a cabo para realizar cambios en la economía familiar es llevar un registro diario, detallado, del dinero que se gasta. Para este registro es importante tener en cuenta la mínima moneda gastada, pues el ejercicio busca hacer completa consciencia de cómo se mueve nuestro dinero, cuánto se gasta. Pero más importante, en qué se gasta.

Para realizar este ejercicio lo ideal es contar con un computador que tenga algún software de ofimática. Idealmente, Microsoft Excel[14]. De esta forma, en una tabla muy sencilla, ubicaremos en la primera columna la **fecha**, en la segunda columna el **concepto** (qué fue lo que se pagó; por ejemplo, dos libras de carne, mercado para 15 días, etc.), en la tercera el **valor pagado** y en la última una **clasificación**. Esta última columna es de mucha importancia pues nos mostrará en qué nos gastamos la mayor cantidad de dinero. Así que utilizaremos palabras clave: alimentación, transporte, salud, arriendo, servicios, diversión, educación, etc. Para esto deberemos tener un poco de conocimiento del software, pero no entres en pánico. Más adelante mostraré cómo realizar estas sencillas tareas.

---

[14] Si bien existen muchos programas de software libre que funcionan de una manera similar, las instrucciones y capturas de pantalla que se muestran en este libro corresponden a la suit de Windows. La buena noticia es que si alguno de los dos tiene un teléfono inteligente, hay muchas aplicaciones que permiten registrar esta información de forma detallada.

Fecha	Concepto	Valor	Clasificación
viernes, 1 de enero de 2021	Pago arriendo	1.000.000	Arriendo
sábado, 2 de enero de 2021	Mercado para el mes	500.000	Alimentación
sábado, 2 de enero de 2021	Transporte ida y vuelta trabajo	5.000	Transporte

Ésta va a ser la tarea del primer mes. Es lo único que se necesita para empezar a tomar consciencia de los gastos. Si ninguno de los dos tiene conocimientos básicos de Excel, te habrás dado cuenta de que el archivo no se ve así por sí solo. Es decir, se abre el programa y las líneas son todas iguales, si se escribe, el texto no se resalta en negrita, etc. Esto ocurre porque es necesario cambiar el formato de algunas celdas. Son trucos fáciles, pero no todo el mundo los conoce.

Y es que, aunque parezca algo banal, la presentación de las cosas en donde realizamos acciones influye mucho en la motivación que tenemos para hacerlas. Lo primero es dar grosor a los bordes entre las celdas. Esta acción se llama marcar los bodes. Es muy fácil de hacer:

1. Se seleccionan las celdas a las que se les quiere dar formato (Esto se hace dando clic y arrastrando el cursor sin soltar el clic hasta donde se quiera llegar o manteniendo oprimida la tecla shift y moviéndose con las flechas del teclado a través de las celdas).

Juan Sebastian Quintero

2. Oprimir el botón para marcar los bordes.

3. Elegir "marcar todos los bodes".

Para mayor claridad, la siguiente imagen muestra dónde se pueden elegir las opciones.

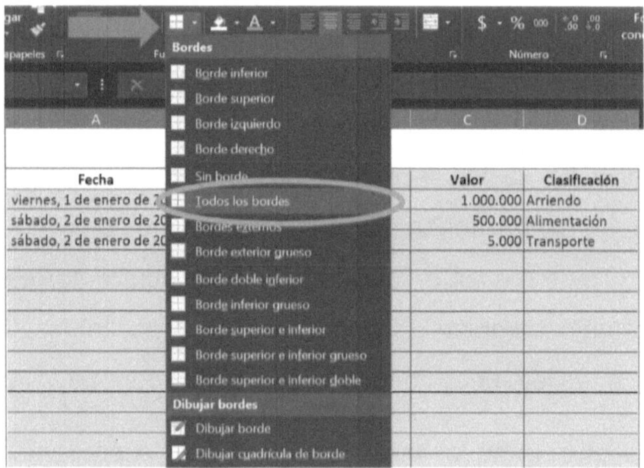

El siguiente paso es configurar la columna de fecha para que el formato nos diga si la fecha es lunes, martes, etc. Esto se hace por practicidad, pues es más fácil recordar qué se compró el lunes de la semana pasada que el 4 de julio. Nosotros organizamos nuestro tiempo más fácilmente por los días de la semana. Pero no olvidemos que lo ideal es realizar este registro el mismo día que se hace el gasto.

Para realizar esta configuración:

1. Seleccionamos las celdas a las que le vamos a dar formato.
2. Damos clic derecho.
3. Elegimos "formato de celda".
4. En el cuadro que aparece, elegimos "fecha".
5. Escogemos la opción que nos muestra el formato que contiene el día de la semana.

La siguiente imagen muestra el proceso de forma gráfica.

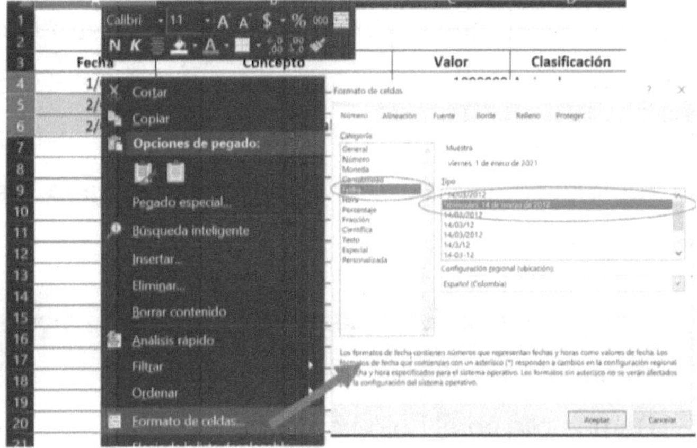

Por último, en nuestra configuración básica, para ordenar mejor nuestros datos y la percepción que tenemos de ellos, la mejor opción es que los números se muestren con separadores de miles. Es decir, en lugar de algo que costó 100000, veamos 100.000. El proceso es el siguiente.

1. Seleccionamos las celdas a las que le vamos a dar formato.

2. Damos clic en el botón con tres (3) ceros que aparece en la cinta de opciones, tal como se muestra.

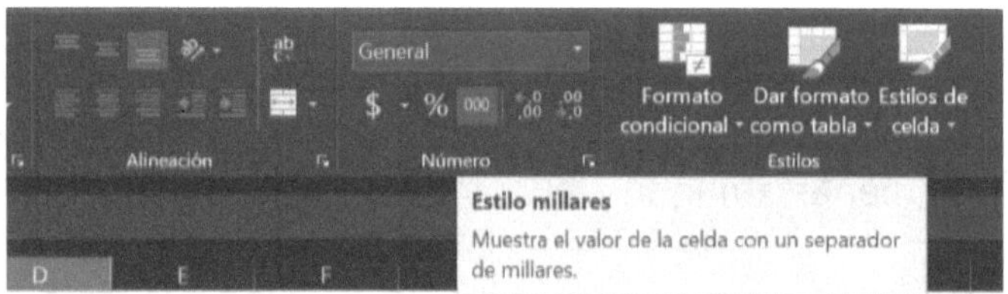

Al final del mes, con todos los gastos registrados, debemos saber cuánto fueron los gastos del hogar. Esto se hace con una suma y el programa lo hace de una forma automática. Para hacerlo, llevamos a cabo los siguientes pasos:

1. Seleccionamos las celdas a las que le vamos a sumar, de la columna valor.

2. Damos clic en el botón de suma.

3. El total aparece debajo de todas las celdas seleccionadas.

Veamos.

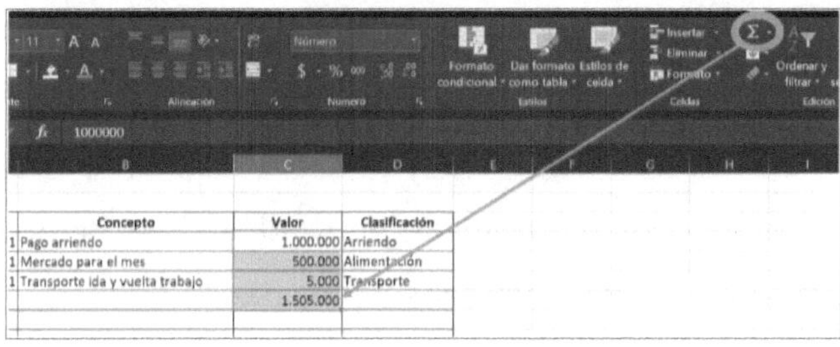

Por último, a los ingresos mensuales del hogar restamos el total de los gastos. Así sabremos si hubo algún ahorro o gastamos más del dinero que entró.

Este ejercicio se puede llevar a cabo también en una hoja de cuaderno o en aplicaciones gratuitas para celular que se conocen como gestores de gastos. Lo importante es tener la disciplina y compromiso para anotar los gastos con el detalle requerido.

Cuánto necesitamos gastar

A todos nos gusta vivir de una cierta forma. En una zona de la ciudad, comprando ciertos productos para alimentarnos, movilizándonos en un vehículo de alguna gama, tomar un taxi de vez en cuando, comprar cierto estilo de ropa, etc. A esto le llamamos estilo de vida. El estilo de vida incluye no sólo el tipo de comida que comemos, sino si comemos fuera de casa y en qué tipo de lugares.

201

El arriendo (pago de hipoteca o similar), alimentación y transporte a sitio de estudio o trabajo son gastos que deben hacerse obligatoriamente; sin embargo, existen otro tipo de gastos que están asociados al estilo de vida que deseamos más que a las necesidades básicas.

Para saber qué es lo que requerimos para mantener un nivel de vida básico, primero debemos revisar la clasificación de los gastos que hemos hecho durante el mes. Así sabremos a qué corresponde cada peso/dólar/centavo gastado.

Luego de esto, siendo sinceros con nosotros mismos, debemos señalar aquellos gastos que no son esenciales para nuestra supervivencia. Como resultado de este ejercicio, podremos saber qué gastos se pueden recortar para aumentar (o incluso iniciar) el ahorro familiar.

Algunas ideas de lo que es un gasto básico:

- Renta/arriendo/hipoteca
- Transporte
- Servicios públicos
- Alimentación
- Educación
- Salud (no estética)

Hablemos de cada uno de estos gastos, y las posibilidades de análisis que nos ofrece el tener consciencia de cuánto dinero usamos en cada uno.

Renta o hipoteca

No sólo hace parte de los gastos básicos de cualquier hogar, sino que también tiende a ser el que mayor porcentaje de nuestro dinero se lleva. En términos generales, se dice que lo que gastamos en renta o el valor de la cuota de nuestra hipoteca no debería superar el 30% de los ingresos mensuales.

Lograr cumplir esta condición puede ser un verdadero desafío, principalmente en países en desarrollo, como los latinoamericanos. En el caso de Colombia, el trabajo se concentra en sus tres ciudades principales: Bogotá, Medellín y Cali. Aun en esos casos, el ingreso medio de las personas no supera el salario mínimo. Sin embargo, la dificultad aquí radica en que el alquiler de un departamento básico, en un sector medianamente seguro y accesible supera el valor del salario mínimo mensual.

Pareciera que el monto que le asignamos a este concepto no se puede modificar. Tal vez en el caso de una hipoteca, puede ser cierto. E incluso en algunos casos no lo es, pues existe la posibilidad de renegociar la deuda, hacer compra de cartera, entre otras.

Se podría revisar si un cambio de zona de la ciudad permitiría una disminución de los gastos mensuales. No sólo por el precio del arriendo en sí, sino también por desplazamientos hacia el trabajo o estudio, por ejemplo. Podría también aumentar el tamaño del lugar en el que vivimos.

En países como Estados Unidos, donde la oferta de empleos es alta en cualquier lugar, una opción de ahorro para las familias es el cambio de estado. Hay algunos estados donde los impuestos son más bajos que en otros. Esto es una muestra de que hay algunos cambios que pueden mejorar el flujo de dinero en nuestro hogar.

Transporte

Las actividades que realizamos en nuestra cotidianidad definen a qué lugares nos movemos. Analizar este ítem no debería ser muy complicado, pues por lo general somos conscientes de los lugares que más visitamos. Quizá no tenemos el mismo nivel de conocimiento respecto de cuánto tiempo gastamos a la semana o mes en los traslados.

En economía existe un concepto llamado ***costo de oportunidad***. Se refiere a que parte del costo que asumimos por algunas cosas se refleja en tiempo, no directamente en dinero; es decir, en lo que podríamos hacer con ese tiempo. El ejemplo clásico es el de una persona que asiste a la universidad cuando sale de educación básica, en lugar de conseguir un empleo. Si nos hicieran la pregunta de cuánto le cuesta a esta persona ir a la universidad, el cálculo que haríamos sería, más o menos, el siguiente:

Concepto	Precio
Matrícula	USD 2.000
Transporte	USD 400
Alimentación en la universidad	USD 800
Materiales	USD 500
Total	USD 3.700

Los valores asignados son especulativos.

Este razonamiento nos indica que el costo de estar en la universidad cada año sería de aproximadamente 3.700 dólares. Sin embargo, al tener en cuenta el costo de oportunidad, nos damos cuenta de que los salarios que no recibe la persona por estudiar en lugar de trabajar también son un costo que se asume.

Supongamos que hablamos de alguien que vive en Estados Unidos, donde un salario básico para alguien sin mayor educación podría ser de 10 dólares la hora. Si trabajase 8 horas diarias, únicamente de lunes a viernes, 10 meses al año (son los mismos meses al año que se tiene clases, por lo general).

Horas trabajadas al día	Días trabajados a la semana	Semanas trabajadas al mes	Meses trabajados al año	Valor de la hora	Total
8	5	4	10	10	16.000

Haz la operación tú mismo(a). Es cuestión de multiplicar las 8 horas diarias, por los cinco días a la semana. 40 horas a la semana que, multiplicadas por las 4 semanas del mes, nos da un total mensual de 160 horas trabajadas cada mes. Este número multiplicado por los 10 meses del año, son 1.600 horas trabajadas al año. Por último, este valor se multiplica por los 10 dólares que asumimos que podía ganar esta persona, para un total de 16.000 dólares al año. Si a este número le sumamos la matrícula, transporte, alimentación y materiales, que tiene un total de 3.700 dólares al año, podríamos ver que a esta persona le estaría costando 19.700 dólares anuales ir a la universidad en lugar de trabajar.

Con este concepto en mente, analicemos los desplazamientos, y cuánto nos cuestan en realidad. En promedio, una persona gasta una hora yendo de su casa al trabajo y otra hora en el sentido contrario. Esto quiere decir que cada semana se gasta más o menos 10 horas en el transporte. Al mes son **40** horas. Al año, **480**.

Siguiendo con el ejemplo anterior, partiendo de que a una persona que gana el salario mínimo en Estados Unidos le pagan alrededor de 10 dólares por hora, anualmente los desplazamiento le estarían costando 4.800 dólares. El ejercicio que hicimos se conoce como monetarizar y es de gran importancia en muchas esferas de la vida pública y privada. Así es como se calcula el costo beneficio de crear nuevas autopistas o líneas de transporte en las ciudades o el trabajo extra que tiene una mujer en el hogar.

Por supuesto: si nos mudamos cerca de nuestro lugar de trabajo, no vamos a recibir este dinero, pero tener esto en mente podemos tener una perspectiva distinta de nuestra vida. El cálculo lo hice con valores planos para poder ejemplificar el concepto; pero es bastante común, en ciudades como Bogotá, que los desplazamientos tomen 3 o 4 horas cada uno. ¡Es una locura!

Aunque no recibamos el dinero, cada hora ahorrada puede convertirse en tiempo que pasamos con nuestros seres queridos o con nosotros mismos. En una hora se puede hacer una rutina completa de ejercicio, se puede ver el capítulo de una serie o leer parte de un libro.

Como opciones para mejorar este punto encontramos mudarnos de la zona de la ciudad en la que vivimos, pero también existe otra opción: cambiar nuestro medio de transporte. Hay que tener claro que cada medio tiene sus ventajas y desventajas, así como costos asociados.

Personalmente, me inclino por cambiar el transporte en bus por bicicleta. Hace algunos años, encontré un empleo en la zona norte de la ciudad. Viviendo al occidente, tuve que buscar una ruta eficiente para recorrer los 17 kilómetros que separaban mi casa de mi trabajo.

Bogotá es una de las ciudades más congestionadas del mundo. Así que los trayectos toman mucho tiempo. Mi primera opción fue un autobús tradicional. Como resultado, el primer día estuve de pie en un bus de ida al trabajo, dos horas y media; de regreso, tres horas. Cinco horas entre la ida y la vuelta.

Al día siguiente intenté el sistema BTR (bus de tránsito rápido) que tiene la ciudad, llamado Transmilenio. Fueron dos horas de ida y dos de vuelta. Tampoco me gustó para nada esa opción. Hace unos años se intentó integrar el transporte público en un sistema que llamaron SITP (Sistema Integrado de Transporte Público), correspondiente a una integración de rutas de buses tradicionales. Como resultado, el último día que intenté, fueron cuatro horas y media sólo de ida al trabajo.

Renunciar a mi empleo no era una opción. Tampoco lo era irme a vivir cerca de la oficina pues, habiendo estudiado sociología, en Colombia, el empleo es muy inestable y la zona donde se ubicaba aquella oficina tiene costos de vivienda muy altos. ¿La solución? Utilizar bicicleta.

En aquellos días, yo contaba con una bicicleta vieja que había sido mi regalo de cumpleaños número 16. El resultado fue muy bueno. El trayecto me tomó tan solo 54 minutos. Así que, luego de dos semanas de trabajo, compré una bicicleta nueva, aunque modesta, por 200.000 pesos (unos 50 dólares). El precio tuvo mucho que ver con el hecho de que Bogotá es supremamente insegura, así que una bicicleta más costosa podría ser un anzuelo para ladrones.

Como dije anteriormente, cada medio tiene sus ventajas y desventajas. Llegar en bicicleta al trabajo tiene el problema de hay demasiado sudor, si el trayecto es muy largo. Para dar solución a este problema, yo utilizaba un morral en el que guardaba una camisilla, camisa, toalla y desodorante, para cambiarme cuando llegara a la oficina. Pero me di cuenta de tener un morral con estos elementos por ese tiempo me resultaba incómodo, así que decidí comprar una parrilla y atar allí el morral con ayuda de un elástico. El resultado fue genial.

Pero aquel no fue el único inconveniente que encontré con su uso. A continuación, listaré algunos y la forma que tuve para resolverlos:

- Seguridad: Para nadie es un secreto que la seguridad en las ciudades de países en vías de desarrollo es un gran problema. Es poco lo que se puede hacer en estos casos, salvo comprar algo que no sea tan llamativo y que en caso de robo no se pierda mucho dinero. Otra opción es adquirir un seguro para el artículo.

  Otra forma sutil, pero efectiva es mantenerse alejado de los andenes y las vías para bicicletas que fueron creadas en varias ciudades, pues éstas obligan a bajar la velocidad muchas veces, haciendo que el biciusuario se convierta en un blanco frágil.

- Accidentalidad: De la mano con la estrategia que referí arriba, al moverse por vías de automóviles, existe riesgo de verse inmerso en un accidente de tránsito. Para nadie es un secreto que un biciusuario tiene un riesgo alto de ser lastimado si tiene un accidente. Para manejar esto hay que ser extremadamente cuidadoso. Tener luces adelante y atrás, usar casco de calidad, guantes, chaleco reflectivo y siempre mostrar a los demás actores viales lo que se piensa hacer en la vía (cambiar de carril, dar vuelta en alguna esquina, etc.).

- Lluvia: No es un secreto que si llueve nos mojaremos. Cuando empecé a moverme en bicicleta pensé que sería buena idea comprar un impermeable para estos días de lluvia. Sin embargo, luego de cambiar dos veces de traje porque no encontraba una filtración que hacía que resultara empapado aun cuando lo usaba, caí en cuenta de que, si se suda dentro de un traje impermeable, el sudor no puede evaporarse, así que se condensa en la ropa que se tiene puesta. La única solución es contar con ropa de cambio en el trabajo y tener una toalla.

Otro consejo útil es usar unas gafas transparentes para que el agua no lastime los ojos mientras se mueve.

- Comida: Montar bicicleta es una actividad que gasta cerca de 500 calorías por hora. Dos tramos de una hora al día cada día generan un gasto de aproximadamente 1.000 calorías. Así que es necesario encontrar fuentes de energía que permitan mantener este ritmo. Una buena opción es consumir carbohidratos antes de cada recorrido (pasta, pan, plátano, etc.).

  Puede ser también utilizado como una forma de bajar de peso y crear un déficit calórico (ver capítulo de sobrepeso). En este sentido, sería una gran forma de mantenerse en forma.

Utilicé la bicicleta por cuatro meses hasta que decidí comprar una moto y moverme en ella. Cuando se pasa a un medio de transporte más grande, como una moto o un automóvil, hay que tener en cuenta que, si bien sirven para ahorrar tiempo, sus gastos no se reducen a la gasolina. Se debe contemplar, como mínimo, lo siguiente:

- Permiso de conducir.
- Impuestos anuales.

- Seguros obligatorios.

- Seguros contra robos o accidentes.

- Revisiones tecnicomecánicas. En Colombia es necesario revisar el vehículo cada año para garantizar a las autoridades de tránsito que se encuentra en óptimas condiciones técnicas y ambientales (emisiones, etc.) para rodar.

- Mantenimientos.

- Parqueadero en casa.

- Parqueadero en cada lugar al que se dirija.

- Accesorios (cascos, chaqueta, guantes, etc., en el caso de la moto).

- Multas de tránsito eventuales.

Mi recomendación es que se pueda hacer una evaluación del estado actual de la economía familiar para saber si vale la pena hacer cambios con el objetivo de ahorrar, sea dinero o tiempo. Adicionalmente, ser extremadamente cuidadoso al momento de moverse por las vías, ya que lo ideal es que la búsqueda de mejorar la economía familiar no nos cause problemas de accidentes o lesiones.

Servicios públicos

En este tema es poco lo que se puede hacer debido a que los servicios públicos requieren de una infraestructura de tal magnitud, que la oferta se reduce a pocos operadores. Partiendo de la información con la que cuento, el servicio más flexible en este sentido es la telefonía e internet.

En estos casos, el cambio de zona de la ciudad puede ayudar a disminuir costos. Cambiar de empresa prestadora de servicio también puede ser una forma de mejorar el servicio y bajar el precio que pagamos. Pero también hay otras formas de analizar los costos. Para el caso de la energía, se puede revisar el consumo de vatios y los electrodomésticos que más consumen energía (refrigerador, plancha, calentador de agua eléctrico, ducha eléctrica, etc.).

Como recordarás, durante la pandemia, muchas empresas optaron por enviar a sus trabajadores a trabajar desde sus casas. Yo fui uno de esos afortunados. Pedí un monitor extra para trabajar, pues en mi trabajo revisaba mapas y tablas de Excel con mucha frecuencia. El primer mes de uso de esta pantalla extra subió el consumo del servicio de electricidad un 50%. Tuve que pagar ese excedente, pues la culpa del aumento en el costo fue mía, pero aprendí a regular el uso de la pantalla.

En el caso del agua, una forma bastante fácil de disminuir drásticamente el consumo en cualquier hogar es empezar a bañarse con agua fría. Así se pasa de largos baños a duchas breves, saludables y de buen precio. Hay familias que reciclan el agua del último ciclo de enjuague de su lavadora para su uso en el inodoro o lavar pisos.

Las telecomunicaciones presentan la oportunidad de jugar con cantidad de megas ofrecidos en el servicio de internet, servicios asociados como telefonía fija que no se utiliza mucho en la actualidad, y televisión, la cual puede quitarse si no se ve televisión tan seguido o si, como en muchos hogares, se paga para ver canales nacionales de televisión abierta. En Colombia, la mayoría de hogares que tienen televisión de pago ven principalmente canales que son gratuitos.

Por último, en los últimos años han tomado mucha fuerza los servicios de streaming, como Netflix, HBO, Star+, Disney, entre otros. El acceso a estos servicios tiene una cuota mensual que, si se elimina, puede representar un ahorro importante al año.

Alimentación

Otro ítem básico que requiere, sin embargo, una revisión más profunda es la alimentación. Si lo tomamos como el gasto básico, nos estaremos refiriendo a la comida que preparamos nosotros mismos en casa. Si cenamos en un restaurante, no se puede hablar de un rubro básico de alimentación, a menos que en nuestra casa no contemos con una cocina.

Adicionalmente, gastos en snacks o golosinas no solo implican un gasto de dinero que parece irrelevante, pero puede permitir ahorrar algo de dinero, sino que por lo general son comidas hiperpalatables (con demasiado sabor, creadas para dar un estímulo muy fuerte a nuestros sistema nervioso) que están llenas de calorías vacías y que si sacamos de nuestra dieta nos aportaría una notable mejoría a nivel de salud.

Temas como educación o salud también son básicos. Pero en lo que corresponde a salud puede ser buena idea revisar cómo prevenir ciertas enfermedades con alimentación y ejercicio. Muchos problemas de salud se pueden evitar de esta forma. Visita a tu médico para obtener información al respecto. En el caso de la educación, muchas universidades e institutos ofrecen cursos gratuitos en los que se debe pagar por el certificado. Yo he tomado muchos de estos cursos y he aprendido mucho, sin gastar un solo dólar.

De otra parte, cortar los gastos que no sean absolutamente necesarios puede parecer un poco extremo y nos llevaría a preguntarnos en algún punto para qué hacer tantos sacrificios si no sería posible disfrutar la vida. Y es verdad. El objetivo real de este ejercicio es lograr ser conscientes de los gastos que tenemos y en qué gastamos nuestros ingresos. Una vez hecho esto, se puede tomar la decisión de cortar algunos gastos innecesarios o, incluso, revisar la posibilidad de remplazar algunos rubros.

Realizar un plan a futuro

Ahorrar por el simple hecho de ahorrar no es buena idea. El dinero debe tener un objetivo determinado. De lo contrario, se convierte en *dinero de bolsillo*, como decimos en Colombia. Es decir, dinero que se gastará sin darnos cuenta. Por eso es importante tener un diagnóstico de cuál es la situación financiera del hogar.

Esto se logra revisando los activos y pasivos con los que contamos. Pero antes de revisarlo, tengamos en cuenta los conceptos. Robert Kiyosaki define un activo como algo que pone dinero en nuestro bolsillo (negocio, acciones, algún auto que trabaja, una propiedad que rentamos, etc.). Un pasivo es aquello que nos quita dinero (las deudas son las más claras, pero aquí también entra un automóvil que usamos únicamente para movilizarnos, la renta-hipoteca[15] y gastos mensuales de manutención, entre otros).

Regresemos a nuestro archivo de Excel.

Activos		Pasivos	
Nombre	Valor ingreso mensual	Nombre	Costo mensual
Certificado de depósito	2	Renta casa	1.000
Taxi(auto que trabaja en plataforma)	400	Manutención	1.000
Empleo	2.000	Préstamo de consumo	500
Total	**2.402**	Total	**2.500**
Diferencia: 98. Es lo que se puede ahorrar al mes			

Como se puede ver en la tabla, el hogar hipotético que analiza su situación financiera tiene dos activos que le dan ingresos mensuales de 402 dólares, así como 2.000 dólares de ingreso mensual por concepto de salario. Como resultado del análisis de la sección anterior, la familia sabe que sus gastos mensuales son 2.500 dólares. Esto no permitiría ahorrar, ya que los gastos son mayores que los ingresos en 98 dólares.

¿Qué pasaría si alguno de los dos perdiera su trabajo? Si asumimos que ganan iguales cantidades de dinero, la

---

[15] Éste es un punto muy discutido pues las viviendas se definen como activos, pero en realidad no lo son. Hay que pagar impuestos, mantenimiento, etc.

familia se vería en un problema, pues sus ingresos se reducirían y no podrían cubrir la totalidad de sus gastos mensuales. ¿Tú sabes de cuánto dispones para cubrir tus gastos si pierdes tu actual empleo?

Aquí se hace evidente el primer objetivo que se puede tener para nuestros ahorros: la consolidación de un ***fondo de emergencias***. Dicho fondo se define como mínimo la cantidad de dinero necesaria para cubrir seis meses de gastos básicos del hogar. Éste debería ser el primer objetivo que nos propongamos con nuestro dinero.

Muchas personas utilizan tarjetas de crédito cuando se encuentran con alguna emergencia de dinero. Esto es una muy mala idea pues los intereses que cobran los bancos para las tarjetas de crédito son los más altos del mercado. En caso de que se utilice para obtener dinero en efectivo, el valor se difiere en muchas cuotas. Cuando se hace uso de este tipo de mecanismo, el monto usado para cubrir la emergencia aumenta por cuenta de estos intereses. Sin mencionar a las tarjetas de crédito de establecimientos comerciales (tipo Falabella o hipermercados), ya que en estos casos hay que aumentar al costo de los intereses el valor de la cuota de manejo mensual. Para evitar esta situación es idea contar con un fondo de emergencias.

Por esto es importante realizar el ejercicio de la sección anterior y conocer cuánto necesitamos gastar. En el caso de que se llegue a presentar alguna crisis doméstica, sabremos exactamente qué debemos dejar de consumir por un periodo de tiempo, mientras nos volvemos a estabilizar. En el caso de nuestra familia ejemplo, el fondo de emergencia ideal debería ser de 15.000, pues el gasto mensual familiar es de 2.500. Estos 15.000 son el escenario ideal, pero es un buen objetivo que se puede trazar a mediano plazo.

Compra de artículos de consumo

Volvamos a nuestra familia ejemplo. Vemos que tienen una cuota por préstamos de consumo que equivale a 500 mensuales. Cuando solicitamos un crédito de consumo, la tasa de interés es muy alta. Por lo general, las compañías que ofrecen este tipo de productos (créditos) los publicitan con anuncios del tipo $1 diario. Nuestro cerebro procesa este precio como muy bajo. Es el mismo efecto que explica que los precios se publiquen en la forma de $19,95. Todos sabemos que este precio es en realidad $20, pero el efecto que causa en nuestro cerebro es la sensación de que el precio se encuentra en el grupo de los $10.

Seamos claros, las tasas de interés cambian de país a país. En el caso de Colombia, existe un concepto conocido como tasa de usura, el cual se refiere a que al cobrar intereses por un préstamo sólo se puede llegar a un límite máximo por año. Este límite se ubica alrededor de 30% efectivo anual, pero varía en razón de la inflación y el tipo de préstamo que se esté realizando.

Lo que quiere decir esa expresión (efectivo anual) es que cada año se pagará en intereses un poco más del 30% del valor del préstamo. Visto en números, si pedimos un préstamo por 10.000, el primer año pagaremos un poco más de 3.000 por concepto de intereses. Hacer este cálculo es un poco complejo, pero existen muchas aplicaciones y calculadoras en la web. Lo importante aquí es entender que adquirir un préstamo para bienes de consumo puede no ser una muy buena idea, pues en pocos años se paga el doble o más por el artículo.

En este sentido, podemos sentarnos como pareja, revisar qué artículo queremos adquirir, consultar los precios y realizar un plan para su adquisición (cuántos meses deberíamos ahorrar para adquirirlo, en qué lugar tienen los mejores precios y estar atentos de posibles ofertas). Existe un truco para la compra de productos que permite evitar las compras impulsivas que muchas veces nos provocan lo que se conoce como remordimiento de consumidor. Esa culpa por comprar cosas que no necesitamos.

Apuesto a que la situación que voy a presentar a continuación la hemos vivido todos. Estás en un supermercado, centro comercial o tienda y se acerca un empleado para ofrecerte una promoción en la compra de un artículo, para el cual te ofrece un crédito que permite pagar dicho artículo en cuotas muy bajas. O puede ser que mientras caminas por la calle o un centro comercial ves aquel televisor de 80 pulgadas, 4k, Smart tv junto a la leyenda de que se puede adquirir a crédito. ¿Qué sientes? En mi caso, me invade una gran emoción ante la posibilidad de adquirir algo que puede darme mucho gusto.

Viene la ansia por la compra. Quieres adquirir ese televisor, ese sistema de sonido, smartphone o lo que sea. ¿Recuerdas que al el inicio del libro hablé sobre el efecto de la dopamina en nuestro cerebro? Pues aquí la tenemos actuando de nuevo. Esa sensación que nos inunda y que nos lleva a pensar "me lo merezco" o "yo trabajo mucho para poder darme estos gustos".

En estos casos, harás lo siguiente: vas a esperar una semana para hacer la compra. Hacer esto va a permitirle a tu cerebro salir de la explosión de dopamina que da la posibilidad de una nueva compra y ver la imagen en perspectiva. El 90% de las veces, te darás cuenta de que aquel artículo es algo que no necesitas y desistirás de su compra.

Si tras este tiempo aún sientes que es necesario contar con este producto, lo mejor que puedes hacer es comparar las alternativas: qué tanto tiempo se requerirá de ahorro para ser capaz de hacer la compra o, en caso de adquirirlo a través de un crédito, cuánto pagarás de más y si pagar este dinero de más vale la pena.

En todo caso, hay que tener en cuenta que, de ser posible, existe una regla respecto a la adquisición de créditos:

Sólo hay que utilizar créditos para la adquisición de activos. Es decir, productos que nos darán más dinero.

Vivienda

Si pensamos en compras mucho más grandes, un tercer ejemplo de meta para dirigir nuestros ahorros es la adquisición de una vivienda propia. Es muy común que las personas vivan en una casa alquilada. Cuando se llega a los años dorados, puede llegar a ser una preocupación el tener un lugar donde vivir, sabiendo que después de cierta edad no es tan fácil mantener un empleo fijo.

Es por esta razón que dirigir parte de nuestros ingresos a la compra de vivienda puede resultar una buena idea. Es necesario tener en cuenta, sin embargo, que, contrario a lo que se dice habitualmente, en realidad una casa no es un activo, a menos que se adquiera para alquilar o para venderla luego de arreglarla, generando una ganancia con el proceso.

Así mismo, la adquisición de vivienda no siempre es la mejor alternativa económica para todos los hogares. Este aspecto se explica en el hecho de que no todos los perfiles económicos son los mismos. Es bastante común que para la solicitar un crédito hipotecario se deba contar con un porcentaje del precio de venta. En Colombia este porcentaje es del 30%. Esto quiere decir que si se desea adquirir una vivienda de un precio de

$100.000, es necesario contar con $30.000, pues los bancos prestan hasta el 70% del valor del inmueble.

Adicionalmente, existen gastos asociados que hay que pagar al principio del proceso de compra: escrituras, avalúo, seguros, acabados (en caso de que se compre en obra gris). También se debe saber que el proceso de ahorro para la compra de vivienda es de mediano plazo (y el pago del crédito hipotecario es de largo plazo, generalmente 15 o 20 años). Es decir que es una meta que no se logrará en un año, a menos que los ingresos de nuestro hogar sean muy altos.

Otra opción para tener en cuenta en este caso es la compra sobre planos. Los proyectos inmobiliarios se ponen a la venta desde algunos años antes de la entrega, incluso antes de que la construcción inicie. En estos momentos, el precio es mucho más bajo que cuando ya está construido. Si se empieza el proceso de compra en este momento, la cuota inicial se puede pagar en cuotas hasta el momento de la entrega del inmueble.

Sobre el proceso de compra de vivienda existe mucha información en línea que puedes consultar. Si bien la compra de un inmueble en planos puede parecer una buena idea en principio, existen reglas que cambian de país a país que pueden hacer algo difícil su logro. Un ejemplo es el hecho de que, en Colombia, los precios de la vivienda de interés social se expresan en salarios mínimos legales vigentes. Esto implica que cada año que pasa de construcción el precio se ajusta (aumenta) de acuerdo al salario mínimo.

Invertir en lugar de ahorrar

Todos nos preocupamos por saber si podremos contar un ingreso constante de dinero en el momento que decidamos (o la situación laboral nos obligue a) dejar de trabajar. Muchos países cuentan con sistemas de pensiones que buscan garantizar que los trabajadores ahorren parte de sus ingresos para garantizar un pago mensual luego de cierta edad, en la que la capacidad laboral disminuye bastante.

Sin embargo, este modelo tiene el problema de que, como dice Tony Robins en su libro *Dinero: Domina el juego*, es poco realista esperar que una persona ahorre una pequeña parte de su ingreso mensual durante 30 años y espere recibir el 100% de ese ingreso por otros 30 años.

Por esta razón, los sistemas de seguridad social se basan en que los aportes realizados por los trabajadores jóvenes sostengan las pensiones de las personas mayores que ya son jubiladas. Sin embargo, el mundo ha cambiado. Los hogares de nuestros padres y abuelos se caracterizaban por tener muchos hijos. Esto hacía que la población joven fuera mucho mayor que la vieja. Al ser superiores en número, los aportes de la población joven sostenían las pensiones de los mayores.

Con el paso del tiempo, los hogares se han ido reduciendo de tamaño. Hoy es muy común que las parejas tengan 1 o 2 hijos. Incluso ha aumentado el número de hogares sin hijos. Esto implica que el soporte de las pensiones es cada vez menor. Al tiempo, la expectativa de vida de las personas sigue en aumento, llegando aproximadamente a los 80 años. En otras palabras, antes había más niños que personas mayores, hoy día hay más adultos mayores que niños.

Este comportamiento demográfico genera que los países se vean obligados a aumentar la edad de jubilación de su población. Así mismo, el poder adquisitivo de las pensiones ha disminuido progresivamente. Hace unos años, una persona pensionada contaba con ingreso que le aseguraba un poder adquisitivo que le permitía mantener un nivel de vida cómodo. Hoy en día, este ingreso puede no ser suficiente para mantener un nivel de vida básico.

En este escenario, se hace necesario proponernos un plan a largo plazo que nos permita llegar a la edad de retiro con un capital suficiente que pueda generar ingresos que complementen el dinero de la pensión (en caso de contar con ella), para que podamos mantener, como mínimo, nuestro nivel de vida del momento en el que nos pensionemos.

Existen varios métodos para focalizar parte de nuestros ahorros en productos que permitan ir generando intereses superiores a cualquier cuenta de ahorros (aunque en los últimos años algunos bancos han lanzado cuentas de ahorro con intereses que resultan interesantes).

Antes de continuar es importante mencionar otro concepto importante para entender cómo funciona el dinero, la ***inflación***. La inflación se refiere a la variación de precios en el mercado, que hace que el dinero vaya perdiendo valor a través del tiempo. En este sentido, si tú tienes $100 en el año 2020 y la inflación de ese año es de 4%, al final del año tu dinero tendrá un valor de $96. Este fenómeno explica por qué un pasaje de bus hace 20 años costaba apenas una fracción de lo que cuesta hoy día.

Las mayoría de cuentas de ahorro que existen en el mercado generan un interés anual cercano al 0%. Por esta razón, mantener tus ahorros en ellas es muy mala idea, si quieres preservar su valor a través del. Es incluso peor es tenerlo en efectivo, pues el interés que genera no es cercano a 0%, sino que es de efectivamente 0%. En su lugar, cada país cuenta con formas de inversión de bajo riesgo, que permiten hacer crecer el dinero de a pocos, pero constantemente.

Mi recomendación es que busques un *producto financiero* (CDT, Fiducuenta, Fondo de Inversión, cada banco tiene diferentes productos y con una visita a cualquier sucursal, los asesores te brindarán la información suficiente) que permita un crecimiento por encima de la inflación y, mientras tanto, tratar de educarte financieramente. De esta forma, tu dinero no perderá valor e irás aprendiendo formas de hacer crecer cada vez más ese dinero.

Hace un momento mencioné a Tony Robins, con un libro que se titula Dinero: Domina el Juego. En él, Tony nos lleva por un mar de conceptos sobre la inversión, principalmente en Estados Unidos. En todo caso, permite conocer las bases del funcionamiento de productos relacionados con la inversión en la bolsa. Es un libro muy interesante que puedes leer y discutir en pareja.

Siendo un plan a largo plazo, es de esperar que los intereses que genere cualquier producto que decidas utilizar no sean muy altos. Las tasas más altas de rendimiento se encuentran generalmente cerca del 10%, con un cobro de comisiones de 2 a 3%. Recuerda que los intereses se calculan anualmente. Esto significa que el dinero que estés ahorrando podrá crecer en un promedio de 7% cada año.

Puede que este porcentaje no parezca muy atractivo a simple vista. Sin embargo, sabiendo que este dinero hace parte de un plan a largo plazo, el interés compuesto puede generar una ganancia importante en un escenario de 20 a 30 años. Veamos.

Supongamos que iniciamos este plan con un monto de $1.000 y cada mes añadiremos una cantidad de dinero que en un año igualará los $1.000 cada año. Es decir, el primer año invertirías $1.000, el segundo $2.000, el tercero $3.000. Si logras encontrar un producto que efectivamente te dé un interés de 7% anual, al inicio del año 2, tendrías los $1.000 iniciales, el 7% de ganancia y los nuevos $1.000. Es decir, 2.070. De nuevo, a simple vista no parece mucho pues habrías ganado únicamente $70, pero déjame mostrarte qué pasaría si sigues realizando esta inversión a largo plazo.

Año	Monto inicial en el año	Monto final año
1	1.000	1.070
2	2.070	2.215
3	3.215	3.440
4	4.440	4.751
5	5.751	6.153
6	7.153	7.654
7	8.654	9.260
8	10.260	10.978
9	11.978	12.816
10	13.816	14.784
11	15.784	16.888
12	17.888	19.141
13	20.141	21.550
14	22.550	24.129
15	25.129	26.888
16	27.888	29.840
17	30.840	32.999
18	33.999	36.379
19	37.379	39.995
20	40.995	43.865

Año	Monto inicial en el año	Monto final año
21	44.865	48.006
22	49.006	52.436
23	53.436	57.177
24	58.177	62.249
25	63.249	67.676
26	68.676	73.484
27	74.484	79.698
28	80.698	86.347
29	87.347	93.461
30	94.461	101.073

La magnitud de lo que se puede generar con este tipo de inversión a largo plazo se puede ver en la comparación de un ahorro tradicional y el uso de una herramienta de inversión de bajo riesgo. Si sólo ahorras $1.000 cada año y adicionas anualmente $1.000 a este ahorro durante 30 años, el año 30 tendrías $30.000. Como se puede ver, si se invierte este dinero, en lugar de $30.000, el año 30 tendrías $101.073. Una diferencia de más de $70.000.

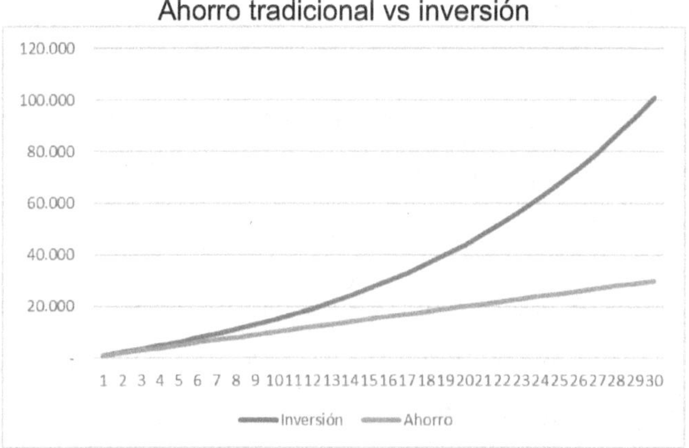

Las pensiones funcionan teniendo una base de dinero ahorrado que, al final del proceso, permite calcular un ingreso mensual por el resto de la vida. Cuánto más dinero ahorrado, mayor será el monto que recibamos mes tras mes. Sin embargo, al ser apenas un pequeño porcentaje de nuestros ingresos mensuales, esta suma resulta ser baja.

La perspectiva de inversión paralela al plan de pensiones que tengas te permitirá tener una cantidad de dinero suficiente para, por ejemplo, invertir en finca raíz justo al momento de retirarte y así, por ejemplo, poder rentar este espacio, logrando aumentar la cantidad de dinero que te llega mes a mes, sin tener que trabajar.

En conclusión, más que darte una guía de cómo invertir o utilizar tu dinero, mi objetivo es que entiendas que entender cómo funciona el dinero y las pensiones puede darnos grandes beneficios a nivel tanto personal como de pareja. El estudio de estos temas te llevará a ti y a tu pareja y hogar a una estabilidad y bienestar que mejorará la calidad de vida de todos.

El dinero tal vez sea uno de los pilares del sostenimiento de una pareja, pues los problemas económicos pueden herir gravemente la estabilidad del hogar. Estar en sintonía y con objetivos económicos no sólo nos da una actividad que podemos trabajar en pareja, sino que permite crear estabilidad y un sentimiento general de bienestar para los dos.

5.2 Sexo

Hablemos ahora del segundo pilar de las relaciones en pareja, el sexo. En la primera sección de este libro, comenté la importancia de la dopamina en nuestro cerebro y cómo es ella la principal responsable del golpe de interés y excitación que sentimos por nuestra pareja cuando las relaciones están en su primera etapa.

A medida que pasa el tiempo, nuestro cerebro se va a costumbrando a la pareja con la que convivimos y el interés sexual que al inicio de la relación era una llamarada ardiente se va apagando poco a poco. El 66%

de las parejas casadas han mencionado en diversos estudios que tienen poca actividad sexual en pareja.

Tommy Lee Jones y Meryl Streep son los protagonistas de una película de 2012 titulada *Hope Springs*, en Latinoamérica fue titulada *¿Qué voy a hacer con mi marido?* En ella, los protagonistas, que llevan muchos años de casados, asisten a una terapia de pareja, que gira en torno a las relaciones sexuales.

En esta película se puede ver cómo con el pasar del tiempo, los protagonistas se han vuelto extraños en el tema sexual. No sólo se pierde el sexo, sino que la confianza se va perdiendo. Sin embargo, más allá de lo obvio, hay una escena donde Tommy Lee le confiesa al personaje de Meryl Streep que ha tenido la fantasía de realizar un trío. La mujer se sorprende mucho, pues nunca imaginó que su esposo quisiera eso.

Éste es un problema que se presenta en la mayoría de las parejas. La mayoría de nosotros, independiente de la religión que profesemos (e incluso que no profesemos religión o creencia alguna), fuimos criados con valores cristianos que se enquistaron durante la época victoriana.

Por esta razón, se creó un silencio casi absoluto sobre la sexualidad en público (y en privado muchas veces también) pues se entiende que es un tema del que no se debe hablar, un tema de mal gusto, no es un tema apropiado de conversación. Las nuevas generaciones (principalmente quienes nacieron a finales de los 90 y principios del nuevo milenio) han roto un poco este tabú gracias a las redes sociales. Pero con ello han ganado otros problemas, como la adicción a la pornografía, de la cual hablé páginas atrás.

Sea como fuere, si bien se puede hablar de sexo en general, es asombrosa la cantidad de parejas que no hablan de sexo. Así como cuando se inicia una relación, se da por sentado que se sabe qué se espera de la pareja (los términos del contrato que pueden incluir monogamia, tolerancia a amistades, aceptación de las costumbres del otro), en el desempeño en la cama (o fuera de ella) también se asume que tendremos una conexión positiva con nuestra pareja.

A modo de broma, siempre he dicho que yo no podría siquiera pensar en ser novio de una chica con la que no me he acostado, pues para mí siempre ha sido de gran importancia que exista entendimiento sexual. Pienso que, sabiendo que para cualquier persona es muy difícil terminar una relación, lo es mucho más por razones de incompatibilidad sexual. Sería demasiado incómodo decir algo como:

No puedo seguir contigo porque no sabes cómo moverte en la cama.

El impacto que puede tener una frase como ésta en la autoestima de una persona puede ser devastador.

Haciendo a parte este paréntesis, y regresando a la película de la que estaba hablando, el terapista que dirige a la pareja realiza una pregunta que, a mi modo de ver, todos deberíamos hacernos cuando estamos en una relación estable. Parafraseando, el personaje encarnado por Steve Carell pregunta lo siguiente.

¿Es más importante la felicidad de mi pareja o los sentimientos negativos que tengo respecto al sexo?

Partiendo de este punto, que nos lleva a darnos cuenta de que debemos salir de nuestra zona de confort si queremos lograr una vida plena en pareja, empecemos con una de las tareas más importantes. Cómo hablar de sexo.

Hablar de sexo

Nos avergüenza hablar de sexo. Esto es parcialmente cierto. En realidad, nos avergüenza hablar de sexo con ciertas personas: padres, hijos y nuestra pareja. Varios estudios han mostrado que lo más común es que los niños aprendan de sexo por sus compañeros de escuela. En algunos países es un tabú incluso que en las escuelas se enseñe educación sexual, pues los sectores más conservadores de la sociedad, encarnados en políticos tradicionales, aseguran que entregar información de temas como anticoncepción o masturbación es incitar a la práctica sexual en los jóvenes (¿y es que el sexo tiene algo de malo?).

Con nuestros amigos, por el contrario, es más fluida la conversación. Y aquí hay una diferencia importante relacionada con el género. Debido a la forma en la que fuimos educados, los hombres tendemos a hablar del número de parejas sexuales que tenemos, de las aventuras que sostenemos mientras estamos en una relación monógama o como solteros, con un bajo nivel de detalle frente a las experiencias en sí (no se cuenta mucho sobre lo que se hace o cómo se hace).

Las mujeres, por el contrario, son extremadamente detallistas. Siempre he estado rodeado de muchas mujeres y he podido participar de sus charlas al calor del licor. Debo confesar que la primera vez que las escuché hablar de sexo entre ellas quedé sorprendido por la facilidad con que listaban sus experiencias, gustos y deseos.

Entonces, nuestra vergüenza por hablar de sexo no se da en todos los espacios. Surge también al tratar el tema en pareja. Y en este punto también puede encontrarse una diferencia entre géneros, pues, en mi opinión (y la de muchas mujeres que conozco), las mujeres no tratan el tema con sus parejas porque los hombres somos demasiado inseguros.

Crecemos luchando con nuestros pares (lucha física y simbólica) y esto ha hecho que el sentimiento de masculinidad sea muy frágil. Al punto de que si una mujer nos dice que le gustaría que nos moviéramos de una forma diferente pues resulta ser más placentera para ella, reaccionamos de una forma dramática y nuestra confianza se va para el suelo.

El sexo es uno de los pilares que nos define como hombres, principalmente ante los demás hombres (y mujeres, según nuestra forma de ver el mundo). Por esta razón, nuestra identidad se ve tremendamente sacudida cuando no podemos cumplir alguno de los requisitos que imaginamos que existen para ser **un hombre**.

Cuando yo tenía 19 años tuve mi primera experiencia con la disfunción eréctil. Como joven criado por la pornografía en temas de sexualidad, tenía incrustada la idea de que un *buen polvo*[16] era un hombre que era capaz de mantener una penetración durante horas, en todas las posiciones que quisiera, sin llegar al orgasmo.

Habiendo tenido dos años de experiencia sexual en la que había logrado desempeñarme perfectamente, según mis estándares de esa época, al entrar a la universidad conocí la pornografía en internet. Un día, al intentar acostarme por primera vez con una amiga no pude lograr una erección.

La forma en la que me afectó ese episodio hizo que mi vida sexual de allí en adelante fuera, contrario a lo que había sido hasta ese momento, una fuente de frustración inmensa. Esta situación duró aproximadamente ocho años, momento en el que conocí el concepto de *adicción a la pornografía* y sus efectos en

---

[16] Alguien que es capaz de complacer ampliamente a su pareja sexual.

el cerebro de los hombres, así como el hecho de que en realidad el sexo no se reduce a la penetración.

Más allá de la disfunción eréctil -situación que es bastante común, según me han contado algunas amigas y muchas de las prostitutas con las que he hablado como parte de mis investigación- lo que quiero señalar aquí es que la masculinidad es algo demasiado frágil y que los hombres tendemos a reaccionar de una forma demasiado negativa frente a este tipo de asuntos.

Sean o no justificadas nuestras reacciones, la reflexión aquí es para los hombres que me leen: lo mejor en estos casos es relajarse frente a esas cosas y aceptar lo que nos pasa, no darle mucha importancia y tratar de aprender lo que más se pueda para ser cada vez mejores. No vale la pena encerrarnos en dignidades sin sentido, si la felicidad de nuestra pareja está en riesgo.

Regresando al tema, en el caso de los hombres, tomar la delantera al momento de hablar de gustos o expectativas respecto al sexo con nuestras parejas mujeres tiene dos dificultades principales:

- No querer hacer entender que nuestra pareja no es valiosa para nosotros

- Miedo a ser señalados como pervertidos o enfermos.

Tuve una novia a la que un día le conté que me gustaba ver porno de vez en cuando. Tan pronto lo dije, empezó una de las peores peleas (en realidad no fue una pelea, se trató de ella gritándome por cerca de media hora) que he tenido. Según ella, yo era un enfermo pues no era capaz de sentirme satisfecho con ella y por eso debía buscar obscenidades en internet.

Esto se explica también por la educación que se da a las mujeres, en la que, si bien existe el sexo, hay una gran diferencia con las expectativas de los hombres. Las mujeres, evidentemente, tienen gustos y necesidades, como cualquier ser humano. Sin embargo, se ha creado una idea de los hombres como seres totalmente entregados a la carnalidad, con ideas de prácticas que una *dama* no debe realizar.

La diferencia entre las ideas respecto al sexo es lo que explica en parte el papel de ***la otra*** o ***amante*** en las relaciones, tal como existía hasta hace poco: desde una perspectiva machista, la esposa era la mujer para mostrar, para exhibir. Siempre digna, decente; una persona para criar hijos. La amante, por otro lado, era vista como la mujer con quien se podía tener prácticas sexuales *indecorosas*.

Entonces tenemos frente a nosotros un escenario con grandes retos respecto la comunicación de pareja que debemos ser capaces de enfrentar paso a paso. Y más importante aún, es de gran importancia que lo hagamos con la mente abierta y tratando de deshacernos de los prejuicios morales lo más que podamos.

La forma en la que cada uno disfruta de su sexualidad es casi única. En público se reconocen ciertas cosas, por los diferentes tabús o reconocimientos sexuales que se presentan a nivel social, pero lo que esconde cada persona es parecido a la imagen de un iceberg. Logramos ver tan solo una punta de lo que realmente es.

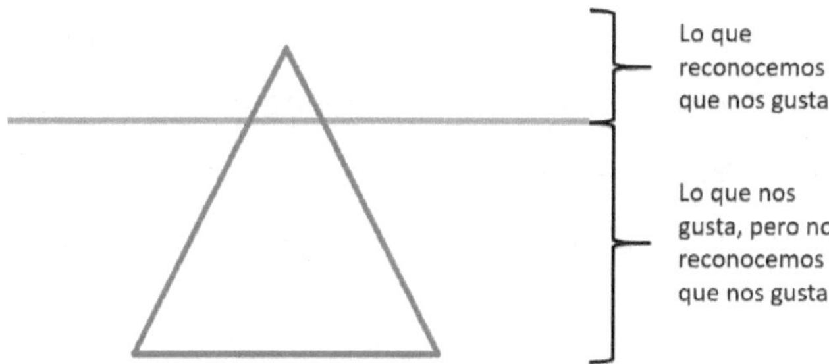

Salvo excepciones en las que existe maltrato a los derechos de otras personas, casos como la pedofilia, pederastia, zoofilia o necrofilia, los gustos sexuales de cada persona no deberían ser juzgados de ninguna forma. Así que la primera regla para poder tener una conversación respecto al sexo en pareja es

Escuchar con la mente abierta. No juzgar nada de lo que el otro diga o pida.

Esta regla aplica para cualquier situación. Hay una tendencia negativa en los hombres a juzgar a las mujeres con base en el número de parejas sexuales que pudo haber tenido en el pasado. Es más, en *American Pie*, la película para adolescentes de inicios de los años 2000 se comenta que existe un ajuste o regla de tres que se presenta cuando una persona habla del número de sus parejas sexuales: en el caso de los hombres, el número que expresan debe ser divido en 3; así que, si un hombre te dice que se ha acostado con 3 mujeres, en realidad se ha acostado con 1 o ninguna. En el caso de las mujeres, se da hacia el lado opuesto: si una mujer te dice que ha dormido con 1 hombre, en realidad son 3.

No pretendo hacer creer que tal ajuste es real. Sin embargo, es una muestra de que existen expectativas distintas respecto al número de parejas dependiendo de si uno es hombre o mujer. Así que debemos ser conscientes de que nuestras creencias frente a la sexualidad pueden estar más relacionadas con prejuicios que nos fueron incrustados desde pequeños que con posturas reales, racionales.

- Si eres hombre: si la mujer con la que estás ha tenido un número de parejas sexuales que, en tu opinión, es alto, guárdate cualquier comentario negativo, porque tu opinión sólo refleja un estereotipo negativo de la libertad sexual femenina. Si son pocas, tampoco quiere decir que la mujer sea una mojigata o algo parecido. Cada persona funciona diferente.
- Si eres mujer: si el hombre con el que estás ha tenido un número de parejas sexuales que, en tu opinión, es alto, también guarda su opinión. No por esto es un mujeriego. Piensa que, también, esto puede ser un signo de experiencia que puede jugar en favor de la pareja.

Las conversaciones sobre sexo pueden acompañarse de algunos tragos de licor. Aunque el alcohol está relacionado con problemas como la adicción si se abusa de él, en cantidades moderadas puede ser no solamente un estimulante, sino que relaja las conversaciones y las reacciones que se tienen ante información sorpresa. Es importante mantener la ingesta de alcohol baja si se quiere tener una buena conversación, pues si se excede, el efecto puede ser el contrario: sobrerreacciones y peleas por pequeñeces.

Otra sustancia que se puede utilizar para favorecer la tranquilidad frente a la conversación es la marihuana. Fumada o comida, es un relajante. Y en algunos contextos, permite interacciones totalmente divertidas y tranquilas. Igual que con el alcohol, o cualquier otra sustancia que estimule nuestro sistema nervioso, hay que ser cuidadosos con su consumo y tratar de no abusar de su consumo.

Así que, una vez hecho este gran preámbulo, entremos en materia y veamos una lista de preguntas que se pueden hacer y que nos permitirán conocernos mejor, así como tener ideas acerca de complacernos mutuamente. Es justo advertir que son preguntas tan simples que son propias de un juego de adolescentes tal como verdad o reto. E incluso sería una buena idea hacerlas en un contexto de juego, que permita liberar un poco la tensión de la conversación, principalmente en parejas que no están acostumbradas a charlar estos temas.

- ¿Cuál es tu posición favorita?
- ¿Qué es lo que más te gusta de esta posición?
- ¿Cuál es la parte que más te gusta del cuerpo de tu pareja?
- ¿Cuál es la parte de tu cuerpo que más te gusta que sea estimulada?
- ¿Tienes alguna fantasía sexual?
- ¿Cómo te sentirías al saber que tuve sexo con otra persona?
- ¿Cómo te sentirías si me vieras tener sexo con otra persona?
- ¿Te gusta la lencería?
- Para las mujeres:
- ¿Cómo te sientes respecto a la posibilidad de usar algún tipo de prenda erótica para el gusto de tu pareja?
- ¿Qué tipo de lencería te gusta(ría) usar?
- ¿Qué te gusta de usar lencería?
- ¿Te gustaría ver a tu pareja con prendas eróticas? ¿Cuáles?
- ¿Qué te gusta de estas prendas?
- Para los hombres:
- ¿Te gustaría que tu pareja usara lencería para ti?
- ¿Qué tipo? Descríbele a tu pareja el tipo de prenda con que te gustaría verla.
- ¿Cómo te sientes respecto a la posibilidad de usar algún tipo de prenda erótica para el gusto de tu pareja?
- Para ambos

- ¿Te gustaría usar juguetes eróticos?
- ¿Qué tipo de juguete te gustaría usar?
- ¿Has tenido relaciones sexuales en lugares públicos?
- ¿Cuál ha sido el lugar más loco en el que has tenido relaciones sexuales?
- ¿Cuál ha sido la mejor experiencia sexual que has tenido? ¿Qué la hizo la mejor?
- ¿Te gustaría que te amarren?
- ¿Te gustaría dar o recibir nalgadas, bofetadas o algún tipo de golpe durante las relaciones sexuales?
- ¿Te gusta hablar o que te hablen sucio? Da algunos ejemplos de frases que te gustaría decir o escuchar al momento de tener sexo.
- ¿Te gustaría hacer un trío?
- ¿Preferirías un trío de dos hombres y una mujer o dos mujeres y un hombre?
- ¿Qué esperarías que se hiciera en este trío en caso de darse?
- ¿Te gusta alguien de tu trabajo?
- ¿Has tenido fantasías sexuales con alguien que no sea tu pareja?
- ¿Cómo te imaginas que pudiera darse una aventura?
- ¿Has pagado por sexo alguna vez?
- ¿Pagarías por sexo?
- ¿Te gustan los strepteases?
- ¿Cuál es la música que más te gusta para tener relaciones sexuales?
- ¿Te gusta más dar o recibir sexo oral?
- ¿Qué tipo de porno ves?

- ¿Qué es lo que más te gusta de este tipo de porno?
- ¿Te gustaría tener sexo mientras se proyecta pornografía en una pantalla?
- ¿Prefieres el sexo en la mañana?
- ¿Cuál es la duración perfecta de una relación sexual para ti?
- ¿El tamaño importa?
- ¿Te masturbas?
- ¿Te gustaría ser amarrado o amarrar a tu pareja?
- ¿En qué piensas generalmente cuando te masturbas?
- ¿Qué consideras que podría mejorar tu pareja para complacerte?

Ésta es una pequeña lista de preguntas sexuales para iniciar conversaciones respecto a los gustos sexuales de la pareja. A partir de aquí, podrás conocerte mejor y preguntarte de qué forma puedes llevar a cabo algunas acciones para complacer más a tu pareja.

Elabora un plan

Normalmente, conocemos o tenemos alguna idea de lo que le gusta a nuestra pareja en el sexo. Sin embargo, las estadísticas muestran que un gran porcentaje de parejas no conocen las fantasías del otro. Por esta razón, las respuestas a las preguntas anteriores no son sólo un ejercicio para facilitar la charla, sino que se pueden convertir en una hoja de ruta para mejorar nuestra vida sexual.

De las fantasías, fetiches, gustos, etc., que identificamos como pareja en la sección anterior, ¿Cuáles podrían llegar a realizarse? Existe una práctica sexual en la que una persona (generalmente mujer) se acuesta con varias personas al mismo tiempo. A esto se le conoce como *gang bang*. Para muchas personas, realizar este tipo de prácticas está fuera de toda lógica.

Aunque no es una fantasía muy común, existe. Puede que tú mismo(a) la tengas. Llevarla a cabo puede ser difícil, pues encontrar a las personas, el lugar, el permiso de la pareja, entre otras, puede ser algo difícil de lograr. Más que un camino para llegar a realizar esta práctica (que no es de gusto de la mayoría de personas), lo importante aquí es saber que podemos ir avanzando paso a paso, desde lo que menos resistencia nos genere hacia lo que se nos presenta como más difícil.

A veces, cuando iniciamos una relación estamos más dispuestos a vivir aventuras con nuestra pareja. Con el paso del tiempo, esta disposición se va perdiendo pues la dopamina va bajando con el tiempo. Con base en los resultados de las preguntas de la sección anterior, podemos establecer un plan para recuperar un poco la aventura (o incluso generarla en algunas parejas, si nunca la han vivido).

Una de las fantasías más comunes es el sexo en sitios públicos. Existe un sin número de lugares donde se pueden tener desde pequeños juegos eróticos, como algo de masturbación por encima de la ropa, hasta una relación sexual con penetración y orgasmo.

Recuerda que el sexo no se trata tanto del orgasmo, sino de lograr complicidad. Si la actividad se redujera al logro del orgasmo, con masturbarnos bastaría para tener una vida sexual satisfactoria. Lo cierto es que lo que hace que una experiencia sexual sea maravillosa es lo que acompaña a la penetración: la disposición, la actitud, la complicidad, etc.

En este sentido, no todos los encuentros deben tener penetración u orgasmo. La complicidad en pareja puede ir desde una pequeña caricia en el trasero, el pene o los senos de la pareja cuando menos se lo espera, en la fila del mercado, hasta realizar sexo oral mientras ven una película en un cine ¡Los límites son tuyos!

Tener un plan también va más allá del hecho de pensar en lo más sencillo y llegar a lo más extremo. Somos seres humanos y tenemos múltiples compromisos. Ya lo mencioné anteriormente, es bueno recordar que muchas parejas cambian totalmente cuando tienen hijos, pues el rol principal cambia de ser pareja (novio/novia-esposo/esposa) a ser padres.

Revisemos cómo se distribuye un día normal para una persona normal en nuestros días:

1. Despertar, bañarse y estar listos para el día.
2. Trasladarse al trabajo.
3. Trabajar.
4. Trasladarse a la casa.
5. Cenar.
6. Pasar algo de tiempo con los hijos.
7. Ver televisión o/y redes sociales (estas actividades suelen ir juntas).
8. Alistarse para la cama.
9. Dormir.
10. Repetir durante años hasta la muerte.

Los fines de semana la dinámica cambia un poco. Muchas personas trabajan los sábados, así que el único día que tiene "libre" es el domingo. Sea como fuere, estos dos días generalmente se dedican a la programación de algunas cosas para la semana laboral, sacar a los hijos a divertirse un poco, compromisos sociales, aprovisionarse de comida e insumos varios necesarios para el hogar y, de nuevo, descansar viendo televisión y pasando el rato en redes sociales.

¿Dónde está el tiempo en pareja? En esta carrera por la supervivencia, ¿En qué momento nos disfrutamos como pareja? Si has visto Breaking Bad, estarás familiarizados con una escena de la primera temporada en la que se celebra el cumpleaños de Walter (protagonista). En la cama, antes de dormir, Skyler (la esposa) le comenta que está pujando por un artículo en una subasta en línea (tiene el computador en las piernas mientras en la cama). Sin embargo, mientras espera que pase el tiempo, quiere darle a su esposo un regalo de cumpleaños y lo empieza a masturbar con una mano, mientras con la otra manipula el computador portátil. Walter logra concentrarse luego de un momento y cuando está cerca de alcanzar el orgasmo, Skyler gana la subasta y grita de emoción. Esto arruina totalmente el ambiente erótico que ya de por sí tenía bastante tensión negativa.

Por esta razón es importante planear nuestro tiempo en pareja. Y no sólo el tiempo, sino también el presupuesto: ¿Es posible comprar algún juguete erótico? ¿Lencería? ¿Cuánto cuesta alquilar la habitación de un motel por una noche o unas horas? Si somos arriesgados, ¿Cuánto dinero nos puede costar ir a un bar swinger?

Así que, en este punto, a sacar papel y lápiz, porque es importante revisar las agendas, el presupuesto y comprometernos con el logro de nuestra satisfacción sexual en pareja. Fíjense metas realizables con tiempos específicos. Por ejemplo, una salida a un motel cada dos meses, probar algo nuevo a nivel sexual cada mes. Una vez adquirido el hábito, todo se dará naturalmente sin pensarlo mucho.

Un último comentario al respecto. Si bien el sexo es una actividad entendida como principalmente en pareja, la actividad en solitario es de gran importancia. Permite disfrutar de las fantasías, jugar con la mente. Debemos tratar de buscar espacios en los que tengamos la privacidad suficiente para masturbarnos con total tranquilidad. En general, los hombres nos masturbamos más que las mujeres; sin embargo, debemos tener estos temas claros y tratar de que existan estos espacios para ser nosotros con nosotros mismos. E incluso pueden convertirse en parte de los juegos de pareja.

Imagina este escenario. Estando en la oficina, en el mercado, tomando un café o lo que sea, llega un mensaje de texto enviado por nuestra pareja con el siguiente contenido: *¿Recuerdas que te dije que me encantó cómo se marcó tu culo esta mañana con tu pijama? No resistí y tuve que masturbarme en el baño de la oficina/centro comercial mientras pensaba en ti. Tú me excitas mucho.* Para muchas personas, un mensaje así puede alegrar pues es una confirmación del gusto, pasión y deseo que siente nuestra pareja.

El sexo es más de actitud que de acción

Hablemos ahora de uno de los trucos más fuertes respecto a las relaciones sexuales. La actitud. Supongamos que mi mujer me cuenta que le gustaría mucho que yo le hiciera un *streptease*. De las personas nacidas en Bogotá (Colombia) se dice que no saben bailar, así que yo, como buen bogotano, no soy particularmente talentoso para el baile. Es más, puede que me resulte algo incómodo ser el centro de atención en una fiesta o discoteca.

Aun sabiendo esto, acepto a realizar el streptease para ella. Busco vídeos en YouTube sobre cómo bailar a la pareja siendo hombre (y hay pocos... realiza la búsqueda y te darás cuenta de que no es un mercado muy explotado), practico, me visto para la ocasión y llega el día.

El único problema es que, ya que me siento muy incómodo, la expresión de mi rostro durante todo el baile se parece a ese Emoji que tiene los ojos hacia arriba en señal de fastidio. Lo debes conocer. Si bien lo intenté, mi actitud al momento de ejecutar algo que quería mi pareja arruinó la experiencia para ambos: para mí porque me sentí muy incómodo y para ella porque esa incomodidad mía no permitió disfrutar del baile que le estaba haciendo.

No sólo a nivel sexual, sino en casi cualquier circunstancia de la vida, nuestra actitud frente lo que nos pasa transforma totalmente nuestra percepción de la realidad. Hace unos años, siendo estudiante de sociología, yo era una persona que veía una tragedia en cada acontecimiento. Vivía tremendamente estresado casi el 80% del tiempo.

Siendo fumador desde los 15 años, mi odontóloga me ha dicho que es sorprendente que no tenga los dientes manchados, y la razón es que siempre tenía una botella de agua que permitía acompañar cada bocanada de humo con un trago de agua, lo cual evitó las manchas.

He tratado de cuidar mucho de mi dentadura a lo largo de mi vida, luego de que tuve que atravesar por la realización de un procedimiento de endodoncia. Experiencia traumática, por cierto. Así que iba a controles odontológicos cada seis meses. Me sentía orgulloso de que siempre tenía muy bien mi dentadura. Desordenada (antes de un tratamiento de ortodoncia), pero saludable. Por aquella época, debido a mis niveles de estrés y de ver la vida como una continua tragedia, empecé a tener episodios de acidez y reflujo muy constante. Como tratamiento, los doctores me recetaron omeprazol, una sustancia que inhibe la producción de ácido en el estómago.

Justo en ese momento tuve un control odontológico y, para mi sorpresa, había pasado de no tener ninguna caries durante muchos años, a contar con ocho de un control a otro. ¿Qué había cambiado? Que el estrés que estaba viviendo era tan alto, que el ácido de mi estómago subía a la boca a través del reflujo estomacal, el cual había afectado mi esmalte dental y me obligó a pasar varios años con calzas negras en la mayoría de mis molares.

Este episodio me permitió pensar en la necesidad de decirle adiós al estrés como forma de vida.

Evidentemente, he tenido momentos de crisis emocional, financiera, etc. Pero mi vida cambió drásticamente al tomar esa decisión. Me di cuenta de que no vale la pena dejar que los problemas cotidianos sean los que manejen el nivel de tranquilidad que puedo tener.

También aprendí que la actitud que tengamos frente a las vivencias cotidianas cambia totalmente la forma en la que vemos lo que nos pasa y, en consecuencia, nuestra historia de vida. Gabriel García Márquez dijo que nuestra vida no es lo que cada uno de nosotros vivió, sino lo que recuerda y (saliéndome de la cita de García Márquez) cómo la recuerda.

Así que la historia de nuestra vida sexual en pareja puede ser la historia en decadencia de una pareja promedio, que cuando intenta cosas nuevas pasa por situaciones realmente incómodas (refuerzos negativos), que las lleva a desistir de nuevos intentos o la historia de experiencias en las que nos hemos visto algunas veces llevados a sentirnos ridículos, expuestos, pero de una forma divertida, pues lo hacemos con y por nuestra pareja. La reconstrucción de la experiencia pasa de ser negativa, que requiere ser evitada, a positiva, divertida y llena de situaciones excitantes y enriquecedoras.

Veamos otro ejemplo. En algún momento, una de mis primeras parejas me pidió que le hablara sucio durante nuestros encuentros sexuales. Esto fue en la época de mi vida en la que mi seguridad personal estaba por el suelo. Así que no pude complacer esa petición.

Hoy puedo ver las cosas desde una perspectiva diferente. Necesitaba practicar. ¿Cómo poder hablar sucio? Practicando.

Al probar cosas nuevas, es normal sentirse expuesto o ridículo, como dije antes. Pero esa sensación se quita con la práctica. Qué fácil hubiera sido escribir las palabras en una libreta (por aquella época no había teléfonos inteligentes. Por lo menos no para las personas con mi nivel de ingresos) o que ella escribiera lo que quería escuchar de mí y haberlo practicado una y otra vez hasta sentirme cómodo pronunciándolo.

Es muy importante que cada vez que probemos algo nuevo o que realicemos una acción que no nos es muy familiar, tratemos de tener la mejor actitud. Se dice que el 80% de los mensajes que transmitimos a las personas con las que nos comunicamos (el sexo es en gran medida un ejercicio de comunicación con la pareja) dependen de la comunicación no verbal. Es decir, de las señas, muecas, tonos, volúmenes, velocidad, etc., con las que expresamos la idea.

Así que, si estás en un momento íntimo con tu pareja, tratando de disfrutar juntos, y tu actitud frente a lo que estás haciendo es de rechazo o fastidio, no va a importar qué estés haciendo, no va a importar que lo hayas intentado, que le hayas dado la oportunidad, pues el mensaje que va a recibir la otra persona será de disgusto, lo que verá tu pareja será un claro "no quiero hacer esto, no quiero estar aquí". Esto arruinará el momento. Y evitará que tu pareja quiera seguir intentando cosas nuevas.

Antes de realizar cualquier práctica nueva, tratemos de visualizarnos en ella, tratemos de pronunciar las palabras que usaremos con nuestra pareja, las sonrisas, la respiración, la mirada. No se trata de que la otra persona viva algo falso, sino de que podamos estar cómodos con nuestro yo expuesto en una situación nueva.

Recuerda, la actitud frente a lo que probemos con nuestra pareja es lo que genera que la situación sea positiva o negativa. Si vivimos algo de manera negativa, lo más probable es que no queramos repetirlo. Esto aplica para cualquier actividad de la vida. Y aplica aún más en el sexo, ya que estamos especialmente vulnerables cuando tenemos relaciones sexuales con nuestra pareja.

Prácticas sexuales

Las relaciones sexuales abarcan un espectro increíblemente grande de prácticas que van mucho más allá del coito (penetración pene-vagina). Entre las más comunes se encuentran la frotación y el sexo oral; sin embargo, existen muchas formas de obtener placer sexual, las cuales por lo general parten de fantasías que tiene cada uno de nosotros.

Una fantasía sexual se puede definir como una idea, una representación mental de la realización de una o varias acciones sexuales que produce placer a quien las genera. En otras palabras, yo imagino algo que me produce placer.

En los hombres es muy común que estas fantasías estén ligadas a las ideas de lo que define a un hombre como "un hombre"; es decir, existe la idea de que cuántas más parejas sexuales tenga un hombre, más se acerca al ideal masculino. En las mujeres muchas veces estas fantasías están relacionadas con la idea de dominación, lo cual explica el éxito de películas como 50 sombras de Grey o 3 metros sobre el cielo.

Tal vez algunas de estas fantasías o prácticas salieron a flote cuando hablamos de sexo, más arriba en este m ismo capítulo. Veamos algunas de las prácticas más comunes y algunas no tan comunes.

Sexo oral

El sexo oral es una de las prácticas más recurrentes que se salen de la tradicional penetración coital (pene-vagina). Es también una fantasía masculina y cada vez toma más fuerza entre los placeres femeninos, pues una consecuencia de la educación pornográfica que hemos tenido y el centrarnos en la penetración como un acto mecánico es que en muchos casos cuando una mujer recibe sexo oral por parte de su pareja experimenta una gran cantidad de placer. He hablado con mujeres que no llegan al orgasmo si la relación no inicia con sexo oral.

Una mayor estimulación para las mujeres, el espectáculo visual que supone su práctica para los hombres, entre otras razones, sitúan al sexo oral en una posición de gran importancia entre las prácticas sexuales. Adicionalmente, permite lograr complicidad en pareja, pues no es necesario tener una cama para llevarlo a cabo. Una pequeña aventura en el auto, en un baño público o en una sala de cine, no necesitan de mayor logística si se practica sexo oral.

Ahora bien, en esta práctica se encuentran gustos y placeres dependiendo de cada persona. Darle sexo oral a tu pareja te puede otorgar una sensación de poder que resulta muy satisfactoria pues ver al otro sentir placer nos da un estímulo positivo que alimenta nuestro ego como personas capaces de dar placer en niveles muy altos. Esto es de gran importancia. Recibirlo puede ser también un signo de que nuestra pareja se interesa mucho por nuestro bienestar sexual y deja un poco de lado su propio placer físico para centrarse en nuestras sensaciones.

Al ser una práctica tan versátil, es imposible ofrecer una guía práctica sobre cómo realizarla. Cada persona puede tener factores que prefiere y la mejor forma de conocerlos es el diálogo. Si tú lo realizas, no tengas miedo de preguntarle a tu pareja si le gustaría que se hiciera de una forma diferente o le prestara atención a algún detalle en específico (una posición diferente, en lugares diferentes, etc.) para mejorar la experiencia.

Sin embargo, es de gran importancia siempre tener en cuenta el aseo personal. Por lo general, las relaciones sexuales se sostienen en un horario nocturno, luego de haber realizado todas las actividades diarias que pueden haber hecho que sudemos y ciertas partes de nuestro cuerpo acumulen olores que culturalmente se han identificado como desagradables. Antes de llevar a cabo el encuentro sexual, puede ser una buena idea limpiar los genitales (con agua y jabón o cuando menos un paño húmedo) para que la experiencia sea más cómoda para ambos.

Sexo anal

Cuando un hombre te pide sexo anal es el único momento en que tratará de convencerte de que su pene es pequeño

El sexo anal es una de las prácticas que más fantasías genera en los hombres. Una de las solicitudes más comunes hacia las parejas. La fascinación que produce ha llevado a que existan toda una serie de hipótesis respecto al gusto que tenemos los hombres por esta actividad. Muchas veces he escuchado a algunas mujeres asegurar que los hombres a los que les gusta el sexo anal (penetrar a una mujer analmente) son en realidad un poco homosexuales, pues "en esa parte del cuerpo hombres y mujeres somos iguales".

El por qué nos gusta esa práctica no tiene una única explicación. En mi opinión, se debe a que es un tema tabú para la mayoría de las personas (o lo era, hasta mi generación). Un tabú muy fácil de romper. Es decir, entre las cosas prohibidas, el sexo anal se encuentra entre las que más fácil y más en secreto queda, pues se puede practicar en pareja. Además, como muchas veces es una práctica dolorosa, a la que la mayoría de las mujeres se niega, que nuestra pareja acceda a llevarlo a cabo es una especie de logro que reafirma la masculinidad. Lo es más cuando la mujer puede obtener placer de su práctica.

Venga de donde venga, si se quiere que la experiencia de la práctica de esta actividad no sea traumática, es necesario llevar a cabo algunas acciones previas. Así como en muchas prácticas sexuales, en el sexo anal la pornografía se ha encargado de crear un imaginario de cómo se realiza que está un poco lejos de la realidad. En pocas ocasiones bastará con colocar el glande en el ano y empujar un poco suave para que nuestra pareja empiece a disfrutar. Hacerlo de esta manera causará un dolor insoportable la mayoría de las veces.

Así que, si como pareja se ha decidido explorar su realización, presentaré aquí algunas recomendaciones para lograr una experiencia positiva. Dividamos la experiencia en tres secciones: preparación, el acto y lo que se hace al terminar.

Una de las preocupaciones más habituales, además del dolor, es la posibilidad de que el pene o dedos de la pareja queden con algo de heces luego de introducirlo. Una solución para esta preocupación puede ser la realización de un enema antes de la relación. Los accesorios necesarios para llevar a cabo un enema se venden fácilmente en las sex shops, farmacias o por internet, y su uso se ha relacionado con algunas prácticas de cuidado personal, como la limpieza intestinal.

Realizar un enema resulta bastante simple. Se llena la bolsa o pera con agua al clima o un poco tibia (no puede estar muy caliente porque puede generar quemaduras internas). Se introduce en el ano la manguera que viene con el enema entre de 5 a 10 centímetros, se oprime la bolsa para que el agua entre al recto. Se aprieta el ano para que el líquido no se salga al momento de retirar la manguera y se espera un par de minutos. Luego de esto, se expulsa el líquido en el inodoro y se limpia bien.

Como preparación adicional, puede que resulte cómodo rasurar la zona. De igual forma, limpiar el ano y sus alrededores con un paño húmedo puede mejorar la sensación y dar más confianza respecto a olores.

Es recomendable que esta práctica se haga con un preservativo, pues el riesgo de infección por penetración vaginal luego de la penetración anal es muy alto para la mujer. Se debe contar con un lubricante anal. Existen lubricantes genéricos; sin embargo, la ventaja de uno específico para el sexo anal es que muchos tienen sustancias analgésicas o anestésicas, las cuales permiten que el posible dolor de la penetración disminuya.

El calentamiento es importante. Se puede empezar con besos y caricias en general, estimulando las zonas que sabemos que más le gusta a nuestra pareja. En caso de disfrutarlo, como inicio se puede dar sexo oral a la pareja mientras se prepara. En este punto se inicia la dilatación y lubricación.

El hombre puede utilizar un preservativo en su mano para realizar este proceso, si así lo quiere. Debe empezar aplicando un poco de lubricante en el dedo medio de la mano para tocar el ano y la zona circundante. Así, la mujer se irá acostumbrando al estímulo. Esto permite ir bajando la reacción negativa automática que tenemos al tocar esa zona. Es importante no olvidar estimular el resto del cuerpo para que el estímulo anal no se sienta como algo aislado, sino como parte de un juego que involucra todo el cuerpo de la pareja.

Luego de esto se aplica otra pequeña cantidad de lubricante en el mismo dedo y se introduce suavemente en el ano, hasta la segunda falange. En este punto, se debe evitar el impulso pornográfico de empezar a meter y sacar el dedo como si se tratara de penetración vaginal (este movimiento tampoco es totalmente agradable en la penetración vaginal). Lo ideal es dejar quieto el dedo en esa posición durante un momento, mientras se continúa con sexo oral y caricias en piernas, senos, abdomen, etc.

Cuando la mujer se haya acostumbrado un poco a la sensación, se aplica lubricante al dedo índice y se introducen el dedo medio y el índice al tiempo, igual que en el momento anterior, hasta la segunda falange. El proceso se repite, introduciendo el dedo anular de la misma forma. Una vez se haya introducido estos tres dedos se puede tratar de que lleguen un poco más al fondo o abrirlos un poco, con el objetivo de dilatar el ano lo más que se pueda.

En este punto se puede intentar la penetración anal o se puede hacer uso de un dildo no muy grande para ir acostumbrándose a la sensación. A diferencia de los dedos, al hacer uso de un dildo sí se pueden hacer penetraciones suaves, lo más profundo que se pueda.

Tanto si se utiliza un dildo, como si se opta por hacerlo con el pene, previa lubricación, se empieza a empujar el pene hacia dentro del ano. La mejor posición para llevar a cabo este primer intento es la que se conoce como pollo asado: la mujer tendida sobre su espalda abre las piernas lo más que pueda y trata de levantar el trasero un poco, exponiendo y abriendo al tiempo su ano. Poner una almohada bajo la cadera es una forma de lograr esa elevación sin mucho esfuerzo.

Una vez el pene empiece a entrar en el ano, es posible que el reflejo del esfínter haga que se cierre. Para evitar esto la mujer puede pujar como si fuera a defecar. Este movimiento hace que el ano se dilate y el pene pueda entrar más fácilmente.

La penetración anal, al igual que la penetración vaginal, no tiene una única forma de para llevarse a cabo. Aquí hay que tener buena comunicación con la pareja, ya que se debe lograr un punto en el que ambos estén cómodos con lo que están haciendo. También hay que recordar que las primeras veces puede que no se disfrute y se requiera intentarlo varias veces para lograr conocer las sensaciones más placenteras.

Así mismo, puede que no se encuentre placer en lo absoluto. He conocido mujeres a quienes les encanta la práctica del sexo anal, así como otras que no le encuentran nada de placentero, a pesar de haberlo intentado varias veces. Es válido probar y darse cuenta de que es algo que no se disfruta.

Al finalizar la penetración anal se debe envolver el preservativo en papel higiénico para evitar manchas en ropa de cama o muebles. En caso de continuar con penetración vaginal, se recomienda utilizar un preservativo nuevo.

Como una precaución extra, aunque en la pornografía se vea muy seguido una práctica conocida como ass-to-mouth (trasero a boca. Consiste en que tan pronto se retira el pene del ano se lleva a la boca de la pareja, sin limpiar, ni cambiar de preservativo), no es nada recomendable practicar este tipo de actividades pues las heces pueden contener una gran cantidad de microorganismos que ponen en riesgo la salud de quien la practique.

Tríos

Los tríos son la forma más común de saltar los límites de una relación monógama de forma consensuada (ya que la más común es la infidelidad). Recordemos un poco de nuevo la primera sección de este libro, en la que hablé del papel de la dopamina en el deseo sexual y cómo ésta se dispara cuando se está con una potencial nueva pareja (efecto coolidge).

El gran pico dopamina que genera una potencial nueva pareja sexual puede explicar por qué resulta tan excitante la idea de la realización de un trío. A principios de los 90, en la primera temporada de la serie de "Sex and the City", se dedicó un capítulo completo al interés creciente de las parejas por la realización de tríos. Esto muestra que no es un tema nuevo en absoluto.

En las parejas heterosexuales, los tríos se clasifican en dos:

- HMH: Hombre-mujer-hombre
- MHM: Mujer-hombre-mujer

La diversidad de roles que es posible asumir en los tríos, cuartetos u orgías es inmensa. Por lo general se dice que el deseo de los hombres por la realización de un trío con dos mujeres es un poco iluso, ya que muy pocos hombres tienen la capacidad de satisfacer siquiera a una mujer; satisfacer a dos sería todo un sueño.

Esto tiene algo de cierto, ya que, como he mencionado a lo largo de este libro, centramos demasiado el sexo en la penetración. La duración media de una relación sexual (llevar a cabo penetración hasta el orgasmo masculino) está entre 5 y 13 minutos, de acuerdo con varios estudios.

Si pensamos que, por ejemplo, un trío de un hombre y dos mujeres (MHM) consiste en que el hombre debe penetrar a las mujeres alterativamente hasta que los tres alcancen uno o más orgasmos, cuando lleguemos a cumplir esta fantasía tendremos una gran decepción.

La misma situación se puede presentar en un trío que se dé entre dos hombres y una mujer (HMH). La penetración constante, así como el intento de la mujer por mantener la concentración en las sensaciones puede ser algo abrumador.

Por estas razones, y otras muchas más, es importante mantener la mente abierta a lo que podemos hacer durante la realización del trío, si nos aventuramos a tener uno. La búsqueda de información en pareja puede ser un gran estimulante. Hay mucha información en internet al respecto.

La siguiente pregunta sería ¿dónde y cómo se podría encontrar a la persona adecuada para un trío? No es una pregunta fácil de responder, pues dar confianza a una persona desconocida es algo difícil. Y con razón.

Antiguamente muchas parejas buscaban acompañantes para sus tríos a través de anuncios en el periódico. Sin embargo, con el auge de las redes sociales, existe una gran variedad de páginas web, así como aplicaciones en las que se puede buscar una potencial pareja. Revisemos juntos algunos pasos básicos:

1. Leer foros. Conocer la perspectiva de otras parejas en sus primeras experiencias, sus miedos, sus expectativas y qué han aprendido es algo que puede mostrarnos que nuestras

perspectivas no son tan diferentes al resto. Las páginas de internet donde se puede encontrar esta información varían mucho entre países; sin embargo, una búsqueda rápida en Google con las palabras "foro sobre tríos" será un buen inicio. Incluso se le puede pedir información a las inteligencias artificiales que están en auge en estos días.

2. Antes de iniciar la búsqueda de interacción con otras personas, la pareja debe conversar acerca de quién será el encargado de hablar con el chico o la chica con la que tendrán el trío. En caso de crear un perfil en una página para buscar personas, se debe llegar a un acuerdo de si. ambos tendrán acceso al perfil (tener el usuario y contraseña), si entrarán al perfil en pareja o se podrá estar en línea solos, si prefieren que la persona con la que hablen se dirija a uno de los dos o a la pareja, etc.

3. Una vez se ubique la página (comunidad) en la que se pueda encontrar la persona que pueda acompañar el trío, por lo general será necesario crear un perfil. El nombre que se use para el perfil debe ser sencillo y en lo posible hay que buscar que se sitúe de primero alfabéticamente

(nombres que inicien con las primeras letras del alfabeto para aparecer de primero en las búsquedas).

4. Hablar respecto al tipo de persona con la que quisieran establecer contacto y de qué forma les gustaría que estas personas se acercaran a la pareja: generar confianza, hablar de temas variados sin necesidad de tocar el tema sexual desde el principio, ir al grano con una propuesta concreta, etc.

5. Perfil de quién desean que les acompañe: si bien las películas porno muestran a personas generalmente muy atractivas, es importante tener claro que las personas reales por lo general no lucen así. Si queremos incursionar en el mundo de los tríos, y nuestro primer filtro es la belleza de quien nos acompañe, lo más probable es que lo único que lograremos será una gran frustración porque será muy difícil encontrar a alguien que llene nuestras expectativas. Cuando el principal interés de la pareja es la belleza de quien les acompañe, puede ser una buena idea contratar los servicios de un(a) trabajador(a) sexual.

6. Luego de interactuar con los(as) posibles acompañantes, hablemos como pareja. Cuéntale a tu pareja qué te pareció la persona con la que hablaron, qué te gustó, qué no te gustó, si quieres seguir hablando con esta persona, si tuviste ideas respecto a qué se podría hacer con él/ella, etc.

7. Llegará el momento de establecer contacto físico con la persona. Con esto no me refiero a saltar a la cama, sino a verse personalmente. Esto puede verse como una cita. Buscar un sitio público donde se puedan conocer y tal vez hablar de una forma más relajada. Un buen ejemplo es salir a una discoteca, bar o algún lugar similar. El contar con un poco de alcohol permite que nos desenvolvamos con más soltura ante la tensión del momento y puede que permitirnos bailar con la persona nos dé una idea de qué tanta cercanía podríamos tolerar.

8. Manejo de gastos. Las citas se han transformado con el pasar del tiempo y se ha dado un cambio en los roles tradicionales. Hoy en día no es obligatorio que en una cita heterosexual el hombre sea quien paga todo. Muchas mujeres no se sienten cómodas con esta distribución de

gastos, pues las pone en una situación en la que el hombre muchas veces espera una especie de retribución por el dinero gastado. En las citas para tríos es muy importante tener este tema en claro. Cuando se presentan estos encuentros, relacionado un poco al machismo de la fantasía, la distribución se realiza tradicionalmente de la siguiente forma:

a. Cuando una pareja quiere interactuar con otra chica: la pareja paga todos los gastos.

b. Cuando una pareja quiere interactuar con otro chico: el chico paga todos los gastos.

Desde mi perspectiva, no es una forma muy acertada de manejar el dinero pues implícitamente se establece que la mujer es lo importante y hay que pagar de alguna forma por tener interacción con ella/s. Es por esto que, desde mi punto de vista, es mejor hablar con la persona invitada para establecer de qué forma se siente más cómoda.

a. Repartir los gastos en dos partes (mitad la pareja, mitad la persona invitada).

b. Repartir los gastos en tres partes, ya que son tres personas las que están involucradas. En este caso, la pareja asumiría el 66,6% de los gastos y la persona invitada, el restante 33,3%.

   c. Hablar abiertamente de si la pareja o la persona invitada **quiere** asumir el 100% de los gastos de la salida.

9. En caso de que la química no fluya o sintamos que en el momento no estamos listos para seguir adelante, no hay problema. Nadie nos puede obligar a hacer algo que no queremos hacer. Y esto incluye a nuestra pareja. Es perfectamente válido que como individuos no estemos cómodos con llevar a cabo alguna acción. Lo importante es la comunicación. En este caso, de una forma respetuosa se le puede comunicar a la persona invitada que no deseamos realizar el trío o, si es el caso, que esperaríamos poder conocernos mejor para decidir.

10. Si todo ha salido bien y queremos seguir adelante con la idea de realizar el trío, hay que decirlo directamente. No se debe esperar a que el otro sea quien busque. Hablemos como pareja y hagamos que la otra persona conozca nuestra intención. En este caso, algunos tips que pueden ser de utilidad.

a. Es preferible llevar a cabo el trío en un hotel o motel. Al ser un territorio neutral no tendremos las presiones de personas cercanas que pudieran conocer nuestras intenciones. Así mismo, ofrece un ingrediente de seguridad que siempre es bueno. Antes de llegar al sitio y preguntar si es posible pasar la noche, es buena idea llamar y hacer una reservación, haciendo saber al encargado cuántas personas harán uso del espacio. Existen muchos lugares donde no permiten que entren más de 2 personas a la habitación.

b. Contar con protección todo el tiempo, ya que las enfermedades de transmisión sexual son una realidad. En la mayoría de hoteles y moteles se puede adquirir preservativos.

c. Tener algo de licor disponible, ya que los nervios pueden jugarnos una mala pasa y bloquear nuestro deseo.

d. Contar con ideas de juegos que faciliten la interacción. Adquirir unos dados eróticos puede ser de utilidad. En todo caso, existen aplicaciones para teléfono celular que también se pueden usar como buen sustituto.

e. Definir si se quiere pasar la noche o irse cuando termine la interacción sexual.

Estas recomendaciones pueden ser la diferencia entre vivir una experiencia placentera o no placentera pero enriquecedora como pareja o una traumática.

Las alternativas en el sexo

Para la mayoría de las parejas heterosexuales, la vida sexual gira en torno a la penetración vaginal. Para la gran mayoría de hombres es casi imposible entender el sexo sin que haya penetración. A este fenómeno se le llama coitocentrismo, es decir, centrar las relaciones y la idea de placer sexual en la penetración.

Otras prácticas bastante utilizadas son el sexo oral, la estimulación manual y el sexo anal, de las que hablé hace un momento. Sin embargo, los gustos y fantasías de las personas son muy diversos. Vale la pena repetirlo: excepto los casos en los que de alguna forma se vulnera la libertad o autonomía de otros, cualquier gusto sexual es respetable y, aunque no lo compartamos, es sano mantener una mente abierta y nuestros prejuicios fuera de escena.

Hablemos un poco de estas prácticas no tan comunes en la vida sexual de las personas.

Swinger

En los años 60 se popularizó un poco que parejas de novios/esposos realizaran encuentros con otras parejas. En estos encuentros se intercambiaban sus parejas para tener relaciones sexuales. Estos intercambios se daban clandestinamente durante fiestas en la casa de un anfitrión.

En la actualidad, muchos de estos encuentros se desarrollan en bares especializados llamados clubes swinger. Al interior de la comunidad swinger se han dado cambios en los roles y prácticas con el tiempo, algunos de los cuales son:

- Cuckold: parejas en las que la mujer puede tener relaciones sexuales con otros hombres, mientras que el hombre mantiene una relación exclusiva. En estos casos, el hecho de que la mujer mantenga relaciones con otros hombres da placer al hombre.

- Cuckquean: igual que el cuckold, pero en este caso es el hombre quien tiene el permiso de estar con otras mujeres, mientras que la mujer mantiene la exclusividad.
- Corneador: perfil de hombre que tiene relaciones sexuales con la mujer de la pareja cuckold.
- Mujer unicornio: mujer que asiste a reuniones swinger sin pareja alguna, esperando interactuar sexualmente con asistentes. El nombre parece que está relacionado con el hecho de que pocas mujeres sin pareja están interesadas en hacer parte del mundo swinger.
- Single: el mismo perfil de mujer unicornio, pero en un hombre.

Voyerismo

Este comportamiento, considerado una parafilia, se refiere a la excitación sexual que sienten algunas personas al observar a otras. Esto puede ir desde ver a otras personas vestirse o desvestirse hasta la contemplación de la actividad sexual de alguien más. Muchas personas asisten a bares swinger simplemente para observar a otros teniendo relaciones sexuales.

Parte de esto también se da en las personas que disfrutan ver shows eróticos en páginas especializadas de camgirls (chicas que realizan shows a través de internet).

Exhibicionismo

La otra cara de la moneda se encuentra en esta práctica en la que se encuentra gran placer al ser visto por otros. Así como los voyeristas (y las voyeristas. Esto no es exclusivo de los hombres), muchas parejas disfrutan de ir a bares swinger para ser vistos mientras sostienen relaciones sexuales. En esta categoría entran también las personas que disfrutan de prácticas sexuales en situaciones en las que pueden ser descubiertos por otras personas.

BDSM

La práctica del BDSM se ha puesto de moda (o cuando menos algunas de sus prácticas) luego de que la película 50 sombras de Grey fuera un éxito. Para la mayoría de las personas, se reduce a dar y recibir golpes, pero la sigla tiene que ver con cuatro prácticas que son en esencia diferentes, aunque relacionadas e interdependientes.

Bondage

El bondage es una práctica que consiste en la inmovilización de la persona, principalmente a través del uso de sogas, cuerdas, etc. Existen cursos y maestros especializados en tipos específicos de nudos, así como personas que disfrutan mucho de ser sometidos de esta forma, ya que la sensación que logra a veces cortar la circulación en algunas partes del cuerpo les produce mucho placer.

Dominación

Como su nombre lo indica, se trata de un juego-ejercicio de poder entre dos o más personas, en la que la carga erótica radica en ceder la voluntad propia a los deseos de alguien más. Si bien el acento aquí está puesto en la dominación erótica, el gusto por la dominación va mucho más allá.

Se puede reconocer el estereotipo de la dominatrix, la mujer vestida de cuero, con látigos en cada mano, dispuesta a hacer sentir dolor a sus esclavos. Pero el juego de la dominación va mucho más allá. Incluye detalles tan pequeños como el hecho de que en algunos nombres de usuario de redes sociales (por ejemplo,

Twitter) se incluya un símbolo que muestre que uno le pertenece a alguien más.

Existen personas que incluso entregan totalmente su salario a su amo o ama para que él o ella lo administren. Muchas personas que tienen cargos en los que tienen mucho poder optan por ser sometidos por profesionales de la dominación. Ese cambio total de roles permite liberar las tensiones de ser responsable de demasiadas cosas en la vida diaria.

Sadismo

Recordando al marqués de Sade, el sadismo consiste en la obtención de placer sexual a través de infligir dolor físico o humillar a alguien más. Las prácticas aquí también pueden ser muy variadas, desde el uso de látigos y fustas hasta el derramar esperma de una vela encendida sobre la piel o penetrar la piel con agujas.

Masoquismo

En contraparte del sadismo, la persona masoquista encuentra placer al sentir dolor físico y también humillación.

Pegging

La práctica de pegging consiste en que en un pareja heterosexual la mujer penetra al hombre analmente haciendo uso generalmente de un arnés al que se le sujeta un dildo. Esta actividad presenta la dificultad de que aún en nuestros días se considera que el hecho de que a un hombre le guste la estimulación de su propio ano es una señal de que es bisexual u homosexual.

La realidad es que la heterosexualidad, homosexualidad o bisexualidad (así como las demás clasificaciones de orientación sexual) no pueden ser determinadas de una forma tan simple. Los órganos de mujeres, hombres y personas no binarias cuentan con terminaciones nerviosas que, de ser estimuladas, muchas veces pueden conducir a sensaciones muy placenteras, sin que esto implique una alteración o señale algo respecto a la orientación sexual de la persona que disfruta de estos actos.

Como nota adicional, muchas parejas utilizan este tipo de prácticas como complemento a un juego de roles en el que se invierte la típica clasificación del hombre como el dominante y la mujer como la sumisa. Para su práctica, se pueden seguir los pasos descritos anteriormente sobre el sexo anal.

Algunos apuntes sobre los bares swinger

En décadas anteriores, se solía realizar reuniones en casas de personas con mentalidades de este tipo y llevar a cabo, no solo orgías o fiestas con temática nudista, sino también juegos como el de las llaves, en las que las llaves del auto o casa de las parejas se ponían en un gran jarrón y luego eran escogidas al azar por las mujeres asistentes. De esta forma, la mujer que escogía al azar el llavero de la casa de Andrés y Carolina, pasaba esa noche con Andrés, mientras que Carolina pasaba la noche con el hombre dueño de las llaves que ella escogiera al azar.

Más adelante, con la tolerancia por algunas de esas prácticas, se fueron implementando lugares de reunión especiales para las personas que querían vivir estas experiencias. Hoy día existen bares con temática swinger, spas, sitios especializados en cabinas donde se pueden encontrar puntos como glory holes, entre muchos otros.

Los bares swinger se crearon con la finalidad de que las personas con este tipo de intereses pudieran acceder a la realización de sus fantasías sin tener que recurrir a la creación de una comunidad o anuncios clasificados. Con el tiempo, los administradores de este tipo de sitios y quienes se han lanzado a la creación de negocios relacionados, se han dado cuenta de que no todas las personas quisieran acudir a estos lugares para tener contacto físico. Los gustos sexuales son diversos, y también son diversos los niveles en los que las personas quieren involucrarse con otros.

Por estas razones, hoy día se encuentra una gran variedad de oferta de lugares conocidos como bares swinger. Es importe saber que en todo el mundo existen personas y grupos puristas. Es muy común que en una búsqueda en internet para conocer opiniones sobre algún lugar que nos causa curiosidad encontremos algunas personas pontificando respecto de lo que es "el verdadero estilo de vida swinger".

En mi opinión, más allá de una discusión algo académica y con interés históricos, que un lugar encaje en lo que para un grupo u otro es el estilo de vida swinger es irrelevante. Lo importante realmente es que quienes asistan a estos lugares se sientan seguros y puedan cumplir sus fantasías de manera libre y sin presiones de ningún tipo.

Cada lugar tiene sus propias reglas. Existen bares en los que es obligatorio entrar sin ropa, sólo cubiertos por una toalla o permiten algo de ropa interior. Otros sitios, dividen sus instalaciones de acuerdo a lo que deseen experimentar sus asistentes. Así, en un primer nivel se puede entrar totalmente vestido; si la pareja o la persona asistente desea algo más atrevido, pueden entrar a un segundo nivel, en el que es posible estar en ropa interior, cubiertos por una toalla; un tercer nivel implica la desnudez total.

Existen también lugares en los que todos estos niveles coexisten en un mismo espacio. Cada quien mantiene la ropa que quiere mantener. Eso sí, vale la aclaración de que el hecho de estar incluso totalmente desnudos no es un signo de que sea obligatorio hacer cualquier cosa. En estos contextos, el respeto por las decisiones de cada persona es algo obligatorio. Es posible estar totalmente desnudos y simplemente pasar un rato agradable con la pareja, hablar, conocer personas, bailar, etc. Es posible también tener la orgía más extrema. Y todo en el medio; es decir, también es posible que conozcamos a alguien que nos agrade y todo lo que hagamos sea dar un beso o bailar muy eróticamente, sin pensar en cómo nos podrían juzgar.

En los últimos años han tomado fuerza algunos bares en los que se cuenta con una figura bastante popular: la **anfitriona**. En realidad, esto se refiere a que son lugares en los que se contrata a una cantidad determinada de prostitutas para que los asistentes que paguen un monto puedan tener sexo garantizado.

También hay grupos que organizan salidas grupales a haciendas en las que se puede tener interacción sexual con más personas.

Lo importante de la existencia de estos espacios es que

1. Nada es obligatorio.
2. El respeto por lo que quiera hacer cada quien en prácticamente absoluto (estos lugares tienen personal de seguridad que busca mantener las condiciones dentro).
3. Son totalmente anónimos.
4. En todos se puede acceder a preservativos, muchas veces de forma gratuita, ya que algunas entidades de salud realizan campañas de prevención de ITS. Alguna vez estuve en un sitio en el que realizaban pruebas rápidas de VIH.
5. Estos lugares están dotados con casilleros para guardar las pertenecías de cada asistente. Una

alternativa para la seguridad es contar con nuestro propio candado, preferiblemente de clave. Si bien son sitios seguros, he podido conocer denuncias de personas a las que han robado en algunos bares.

6. En todos se paga la entrada o un consumo mínimo que por lo general es elevado (30 dólares[17] mínimo por pareja).

7. Por lo general cuentan con estacionamientos cercanos o en las mismas instalaciones.

Sabiendo que estos lugares existen, podemos iniciar una búsqueda de lugares cercanos, preguntar por las condiciones de funcionamiento, para no encontrarnos con algo que nos desagrade.

Sexo en lugares públicos

Otra de las fantasías más recurrentes en las personas es tener relaciones sexuales en lugares públicos. Muchas personas encuentran muy estimulante el riesgo de ser atrapados. El último capítulo de la novena temporada de Los Simpson, titulado en Latinoamérica "Marge, ¿puedo dormir con el peligro?" muestra cómo

---

[17] Esta cantidad puede no parecer significativa, pero en países en los que el salario mínimo son 200 dólares, es más del 10% de ingresos al mes.

Homero y Marge redescubren la pasión sexual marital a través de sostener relaciones en sitios donde podrían ser descubiertos.

Dos de los lugares más icónicos para la realización de esta fantasía son el baño de un avión o el asiento de un automóvil en algún sitio con buena vista. Pero es importante saber que, en caso de ser descubiertos, se pueden enfrentar problemas con los sistemas legales de cada país, ciudad o Estado. Así que, si se quiere realizar, es mejor estar enterados de qué consecuencias podría tener el ser descubiertos y analizar cómo lograr que no tengamos mayores problemas.

Estos son algunos tips para tener una experiencia más placentera al momento de tener sexo en lugares públicos.

- Tener claro que debe ser algo rápido. Es posible que no sea necesario ni conveniente buscar lograr el orgasmo. Se puede dar, pero a veces se disfruta más sólo sabiendo que se está teniendo una experiencia diferente.
- Buscar sitios que no cuenten con cámaras de seguridad. Algunos estacionamientos, pasillos de

centros comerciales o baños de restaurantes permiten algo de intimidad.

- Utilizar ropa cómoda. Tal vez programar este tipo de acciones no sea lo más espontáneo y excitante, pero si se encuentra un espacio y la mujer cuenta con una falda larga, por ejemplo, es ideal.

Drogas y sexo

El mundo está lleno de estimulantes. Si bien muchas sustancias pueden resultar adictivas y peligrosas, es innegable que su uso es una realidad. Muchas personas utilizan diferentes tipos de drogas para que sus experiencias sexuales sean más placenteras.

Alcohol

Empecemos hablando de la droga más común de todas, después del café (el café es una droga que altera el sistema nervioso central), el alcohol. El alcohol es una droga que deprime las funciones del sistema nervioso central. Esto quiere decir que hace que el cerebro funcione más lento, que se ralentice.

Otro efecto de esta sustancia es la desinhibición y la locuacidad, es decir, la sensación de vergüenza disminuye y tendemos a hablar mucho más. Es por esto que muchas personas en el mundo lo consumen como parte de su vida cotidiana. Muchas citas inician con una cerveza o al compartir una copa de vino.

Si bien no es recomendable su consumo, y menos en exceso, las bebidas alcohólicas hacen parte de nuestra vida y pueden ser un estimulante de la comunicación, así como de la diversión y, ¿por qué no? de la lujuria. Un plan que disfrutamos mucho con mi esposa es poner algo de música, encender la chimenea y tomar algunas cervezas, a veces acompañadas de unos tragos de aguardiente.

Muchas veces, a medida que la relación avanza, vamos perdiendo la costumbre de hacer planes juntos. Uno de los planes en pareja más comunes es ir a bailar o a beber, solos o acompañados de amigos. En ocasiones puede ser una buena idea recupera estas actividades que se realizaban cuando se estaba empezando a salir, pues así se recuerda un poco la sensación inicial y se pasa un momento agradable.

En nuestra casa, tenemos una reserva de dos six pack de cerveza y algo de licor, para cuando se nos antoja tomar un poco. En ocasiones invitamos amigos y bebemos y charlamos amenamente. Esto puede presentar un reto para las parejas que tienen hijos. En estos casos, lo ideal es programar estos encuentros, pidiendo ayuda de algún familiar en el cuidado de los hijos por una noche.

También es buena idea estar preparados para la resaca del día siguiente. Cuanto menos acostumbrados estemos al alcohol en nuestro organismo seremos más vulnerables a la resaca. Para esto, debemos no excedernos en su consumo, tomar bastante agua entre los tragos y comer algo que tenga grasa, para facilitar su proceso en el organismo. En todo caso, mantener un frasco de aspirinas y algo de café a la mano puede ser una buena idea para el día siguiente.

Marihuana

La planta de la que se produce es la misma marihuana; sin embargo, la parte que se consume no es la más famosa, las hojas, sino los cogollos en los que la planta ubica sus semillas. Estos cogollos se dejan secar, por lo general se trituran y se pueden consumir de diferentes maneras, siendo la más común, fumarla envuelta en papel, como un cigarrillo. Se puede consumir también en una pipa, mezclada con comida, aceites de la planta o en vaporizadores.

El principal efecto que produce el consumo de esta planta es una sensación de relajación, así como euforia. Muchas personas comentan que aumenta la percepción de los sentidos, la percepción del tiempo se altera pues se siente que todo pasa más lento, aumenta el apetito y se presentan ataques de risa.

Quienes utilizan la marihuana como un acompañante de sus relaciones sexuales defienden justamente el hecho de que la alteración de los sentidos y el tiempo permite que la experiencia sea más placentera. Permite una mayor concentración en el acto y se pierde un poco la presión por el desempeño sexual.

Existen también reportes de casos que relacionan el uso de marihuana con eyaculación precoz y problemas de disfunción eréctil a largo plazo. Por esta razón, se debe tener cuidado si se desea utilizar pues generar una dependencia con cualquier sustancia puede resultar siendo muy perjudicial.

Cocaína

El clorhidrato de cocaína es una sustancia en polvo, conocida como sal, que se extrae de la planta de coca, la cual es consumida generalmente por vía intranasal, es decir, aspirada. A diferencia de la marihuana, cuyo proceso se limita a secar la planta y molerla para ser consumida, la hoja de coca debe atravesar una serie de procesos químicos para ser transformada en clorhidrato.

La principal acción de la cocaína (y razón principal de que se convierta en adicción para muchas personas) se relaciona con el sistema de recompensa del cerebro, del cual hablé anteriormente. Los estudios realizados sobre esta sustancia han mostrado que su uso estimula la producción de nuestra ya conocida amiga, la dopamina.

Por esta razón, muchas personas la utilizan antes de tener relaciones sexuales, ya que, al estimular la producción de dopamina, la concentración, búsqueda o necesidad de la relación sexual aumenta.

Pero éste no es el único uso que se le da a la cocaína. Otro efecto conocido es actuar como anestésico local. Es decir, que duerme la zona que entra en contacto con ella. Algunos hombres que sufren de eyaculación precoz se frotan un poco de cocaína en el glande para adormecer un poco la zona y no tener un orgasmo tan rápido.

Como efectos secundarios se han reportado ansiedad e irritabilidad, la cual se presenta cada vez más cuanto más se consuma. De igual forma, los riesgos de sobredosis son muy altos, ya que su efecto es corto y su consumo se puede ampliar fácilmente.

Como con cualquier estimulante de la dopamina en el cerebro, se corre el riesgo de que con un uso crónico el sistema de recompensa del cerebro desarrolle tolerancia y se presenten efectos parecidos a los que tiene el consumo habitual de pornografía en relación con la excitación y la erección.

Así que ¡cuidado con su uso!

MDMA - Éxtasis

En 1912, una empresa farmacéutica alemana creó un compuesto para sintetizar medicamentos que ayudaban a controlar hemorragias.

Con el tiempo, la sustancia fue más fácil de adquirir, y en 1958 la DEA la incluyó como una sustancia sin uso médico potencialmente adictiva. Esta veda se ha mantenido hasta la actualidad, aunque se ha utilizado en ensayos clínicos desde el manejo del dolor en pacientes terminales hasta tratamiento del síndrome de estrés postraumático.

De acuerdo con el Instituto Nacional de Abuso de Drogas (NIH por sus siglas en inglés), el efecto que produce el MDMA es una sensación de mayor energía, así como un aumento en la sensación de placer en cada experiencia.

La forma más común de consumo de MDMA es el éxtasis, es decir, en cápsulas, tabletas o pastillas. Hay quienes opinan también que existe una diferencia importante en la pureza del compuesto cuando se trata de éxtasis o MDMA líquido.

Muchas parejas utilizan el MDMA o éxtasis como una forma de aumentar las sensaciones de placer vinculadas a la relación sexual, ya que, como lo presenta el portal Web Vice.com, de acuerdo con personas que han utilizado la sustancia en sus encuentros sexuales, la sensación de placer es de grandes magnitudes.

Sin embargo, junto con esta sensación de gran placer, se ha reportado también que existen casos en los que es más difícil lograr un orgasmo o tener una erección. Igualmente, cuando los efectos de la sustancia empiezan a disminuir se presenta un bajón muy fuerte en las sensaciones placenteras, que puede hacer que se rechace a la pareja por algún momento, mientras el cerebro recupera su equilibrio.

De acuerdo con algunos estudios realizados recientemente, el consumo habitual de MDMA o éxtasis, puede tener consecuencias a largo plazo sobre la memoria, así como un déficit en la producción de serotonina, lo cual puede estar relacionado con depresión, ansiedad e irritabilidad.

5.3 Vida cotidiana

En la actualidad, vivimos rodeados de dispositivos y redes que nos permiten, no sólo permanecer en línea permanentemente, sino también sentir todo el tiempo que estamos ocupados. Lo mencioné al inicio del libro, cuando hablé sobre la dopamina: desde que abrimos los ojos hasta cuando nos disponemos a dormir, permanecemos con los ojos puestos en la pantalla del celular.

El principal cambio que se presenta en nuestras relaciones cuando decidimos empezar a convivir en un mismo espacio (empezar a vivir juntos) es que nuestra pareja deja de ser un invitado que rompe nuestra cotidianidad para ser parte de esta cotidianidad.

Este hecho hace que, sin querer, poco a poco dejemos de prestarnos atención entre nosotros. Y este efecto se hace mucho mayor si llegamos a tener hijos, pues, como mencioné anteriormente, nos convertimos en padres/madres en lugar de ser esposos o novios, pareja.

La forma más simple de identificar que estamos viviendo esta situación es que, así compartamos el mismo espacio físico y estar realizando aparentemente la misma actividad (por lo general, ver algún programa de televisión), cada miembro del hogar se encuentra en un mundo diferente: navegando en su red social favorita, jugando en alguna aplicación, revisando tutoriales, etc.

Es una realidad entendible, ya que nuestra vida en esta época está llena de distractores que nos dan la idea de que una de las pocas formas que tenemos para obtener esparcimiento y relajación es a través del celular, mientras descansamos del trabajo.

Sin embargo, es importante buscar actividades en pareja que no sólo nos permitan escapar de las obligaciones diarias, sino que refuercen nuestro vínculo y ayuden a crear espacios que sean realmente nuestros, como pareja.

A continuación, ofreceré tres ejemplos sencillos de actividades que podemos llevar a cabo en pareja, o como familia, y que no sólo nos entretienen y crean espacios, sino que nos pueden ayudar a crecer como personas en términos de conocimientos o salud.

Libros-Audiolibros

Debido a nuestro trabajo, cuando éramos novios, mi esposa y yo teníamos que pasar algunas semanas separados. Adicionalmente, ese mismo trabajo nos obligaba muchas veces a permanecer la mayor parte del día sin acceso a señal celular, por lo que los únicos momentos en los que podíamos hablar era en la mañana, antes de salir a laborar y en la tarde o noche, dependiendo de la hora a la que se llegara al hotel.

Esto hizo que rescatáramos la vieja costumbre de realizar llamadas. Hoy parece que todas nuestras interacciones se deben realizar a través de chat (WhatsApp, Messenger, Telegram, etc.) o por video llamada, lo cual en mi opinión fuerza un poco la interacción de pareja. Para nosotros, las llamadas de solo voz tienen algo de romanticismo. Por esta razón, las preferimos en esos espacios cuando estamos alejados.

Con el tiempo, descubrimos la posibilidad de compartir lecturas como parte de estas llamadas. Todo inició como un juego de fantasía en el que yo leía relatos eróticos que encontraba en internet y charlábamos sobre las experiencias de los demás. Sin embargo, existe una gran cantidad de literatura que puede ser compartida en pareja, si leer es algo que nos gusta. Puede ser un artículo de chismes, una receta de cocina o incluso una noticia política. El centrar la atención en lo que nuestra pareja está haciendo/diciendo refuerza el vínculo.

El hábito de la lectura siempre es bueno. Pero no todos lo disfrutamos, por diferentes razones. Puede que nuestra dicción o velocidad al momento de leer en voz alta nos resulte incómoda, que nuestra vista se canse o simplemente no nos guste. En estos casos existe la alternativa de disfrutar en pareja de un audiolibro.

Los audiolibros ahora son archivos digitales, están en la nube, pero se empezaron a vender en la época del casete, como una forma de acercar a las personas a la literatura. Su auge inició en Estados Unidos, donde un gran porcentaje de la población tiene que pasar gran parte de su día en un automóvil. En estos casos, los audiolibros pasaban a ser una distracción. Se lograba mayor audiencia cuando una persona muy reconocida era quien hacía la lectura.

En nuestros días existen páginas web dedicadas exclusivamente a este tipo de contenido, al que podemos acceder desde nuestro dispositivo celular, siempre que contemos con datos y una suscripción. Sin embargo, existen también alternativas de acceso gratuito, entre las cuales, la reina es Youtube.

Sea leído o escuchado, lo importante en este caso es designar un espacio y momento de la semana para dedicarse exclusivamente a esto. Cuando yo era adolescente, en la radio abierta colombiana existía una emisora llamada HJCK, en la que los domingos a eso de las 6 de la tarde, transmitían la lectura de un capítulo de una novela. En mi familia se volvió una costumbre por algunos meses, sentarnos ese día de la semana en la sala del apartamento, durante una hora a escuchar El Conde de Montecristo.

Aleja los celulares durante esa hora. Al ser una actividad en la que el oído es el órgano por el que entra la información, estaremos tentados a funcionar en multitarea, tal como lo hacemos con cualquier programa de televisión. El objetivo de este espacio es justamente evitar las distracciones externas y disfrutar de un momento con nuestra pareja o en familia.

Deportes

Hay una escena clásica en Latinoamérica en la que la novia o esposa acompaña a su novio o esposo para verlo jugar un partido de fútbol, luego del cual, por lo general, espera mientras él, como parte del ritual, se toma algunas cervezas con sus compañeros de juego.

No busco recomendar semejante despropósito, pues, aunque puede ser divertido, los dos no tienen el mismo protagonismo. Tampoco pretendo satanizar la práctica, pues apoyar al ser amado en sus pasatiempos es muy positivo. Mi intención al hablar de compartir deportes en pareja es mostrar que existen algunas alternativas de actividades deportivas en las que la pareja se puede involucrar para, de nuevo, reforzar el lazo afectivo.

Antes de iniciar, me voy a permitir una nueva referencia a la cultura pop de Estados Unidos. En la serie *That 70's Show* hay un capítulo en el que dos de sus protagonistas (Erick y Donna), quienes están a punto de iniciar una relación romántica, juegan baloncesto en la cochera de la casa de Erick. Donna gana el encuentro, lo que desata en Erick una reacción a partir de haber visto de alguna manera vulnerada su masculinidad, pues una mujer le venció en un deporte.

La actitud que asume Erick, así como comentarios propios de la época en la que se recrea la serie, hacen que Donna decida dejarse ganar en un siguiente encuentro. Sin embargo, su decisión es tan evidente para Erick que ve aún más vulnerada su masculinidad y la relación se ve más afectada. Al final, la situación se resuelve cuando deciden no prestar atención a los marcadores finales (pero Erick sigue perdiendo).

Al practicar deporte con la pareja es importante tener en cuenta que la razón principal es pasar un rato juntos, como pareja. Disfrutando tiempo juntos, no compitiendo o buscando mejorar rendimiento personal. Para esto existen las prácticas individuales.

En una ocasión, conocí una pareja en la que ambas personas disfrutaban mucho el ciclismo de ruta (aunque en Colombia este deporte se practica principalmente en bicicletas de montaña). Existían claras diferencias en la capacidad de cada uno en cuanto a resistencia y fuerza, y en ocasiones salíamos en grupo a montar bicicleta los domingos.

Lo que sucedía entre ellos era que él, al tener un nivel más avanzado que ella, se iba muy lejos respecto al grupo (pues nos quedábamos juntos casi todo el tiempo) y generalmente lo volvíamos a ver en la meta. Esta situación molestaba bastante a mi amiga ya que sentía que a su pareja no le importaba compartir esta actividad con ella, sino tratar de vencer sus propias marcas.

Así que, con esto en mente, hablemos un poco de algunos deportes que se pueden disfrutar en pareja.

Ciclismo

El ciclismo es un deporte con muchos adeptos alrededor del mundo. No sólo por su práctica en sí, sino porque la bicicleta es un medio de transporte de gran acogida en algunos lugares. En Bogotá, una forma de disfrutar de esta actividad es un espacio llamado Ciclovía, en el cual, la administración de la ciudad cierra kilómetros de vías para que los domingos sean utilizadas por la comunidad.

En las ciudades se puede utilizar como una forma de escapar del estrés del transporte motorizado o público y disfrutar del paisaje rural a las afueras. Justamente esta ventaja referente al paisaje permite también que podamos tomarnos fotos y compartir esta experiencia a través de redes sociales.

Otra ventaja del ciclismo es que no requiere de un gran gasto de dinero. En la actualidad, dependiendo del país donde vivamos, podemos encontrar bicicletas desde 50 dólares. Eso sí, hay que saber que cuánto menos dinero gastemos en una bicicleta, posiblemente tendremos que hacer un mayor esfuerzo para movilizarnos en ella, ya que las bicicletas de mayor costo tienen diseños y materiales de construcción que facilitan que el esfuerzo físico sea menor.

Adicionalmente, debemos tener cuidado al momento de la compra, pues, en caso de adquirir un artículo usado, podemos estar comprando algo robado. Es muy importante cuidarnos de no adquirir artículos robados, pues de esta forma estamos apoyando que este tipo de delitos (muchas veces relacionados con crímenes violentos) se mantenga en el tiempo. Es preferible comprar una bicicleta nueva y barata, que una bicicleta usada que probablemente fue robada y su antiguo dueño o dueña, herido o asesinado.

Algunas recomendaciones sobre la práctica del ciclismo

- Investigar respecto de las tallas de las bicicletas para adquirir una que sea adecuada para cada persona. Con esto en mente, se pueden evitar inconvenientes de salud.
- Utilizar casco de calidad.
- En lo posible, utilizar lentes para ciclismo. Hay algunos costosos, pero con un par de lentes transparentes, que protejan los ojos de los posibles daños que ocasiona la polución, es suficiente. Estos también son muy útiles en caso de lluvia.
- Siempre llevar hidratación.
- Por seguridad, adquirir un candado para la(s) bicicleta(s). De preferencia un candado en U, ya que las guayas se pueden romper fácilmente.
- Utilizar luces y prendas reflectivas (si bien ambas son necesarias en la mayoría de legislaciones, su control no es muy eficiente).
- Aprender a realizar mantenimiento básico, en caso de que se desajuste en el camino y contar con herramienta básica para estos casos.
- Utilizar alguna aplicación que registre los recorridos puede ser una gran motivación.

Nosotros utilizamos Strava, pero hay muchas que tienen opciones interesantes.

- Tomar precauciones para nuestros artículos electrónicos en caso de lluvia (así sea cargar una bolsa para meterlos si llueve).

Baloncesto

Dentro de los deportes de contacto, el baloncesto cuenta con la ventaja de que tiene una gran variedad de versiones en las que se puede jugar uno a uno. Un balón de baloncesto puede costar entre 9 y 20 dólares y su práctica requiere muy poca o ninguna preparación, más allá del uso de algo de ropa deportiva, por comodidad.

Siendo uno de los deportes más conocidos en el mundo, se puede practicar a cualquier hora y en cualquier clima, sin necesidad de alejarse mucho de la vivienda. En muchas urbanizaciones se construyen canchas multipropósito para que sus habitantes puedan practicar deportes sin salir de ellas.

Hay que tener cuidado con la técnica al momento de saltar para lanzar, recibir o interceptar la pelota, pues el impacto de la caída nos puede lesionar las rodillas o tobillos.

Algunas ideas de juegos que se pueden realizar en baloncesto en pareja son:

- Partido uno a uno: Haciendo uso de un solo tablero y aro, se define un puntaje meta y el primero en lograrlo, gana. Incluso se puede jugar sin establecer ese puntaje meta; únicamente tratar de evitar ser bloqueado(a) y encestar una y otra vez. Esto puede ser muy divertido, pero el contacto es total y hay personas a las que este tipo de deportes no les gusta por el contacto físico, que se puede interpretar como una especie de agresión.

- Herradura: también conocido como *horse* en inglés, es una forma de jugar baloncesto en los que los participantes toman turnos para hacer lanzamientos al aro desde diferentes puntos de la cancha. El nombre herradura se utiliza en algunas zonas de Latinoamérica gracias a la forma que tiene la *zona* cercana al tablero, la cual está marcada en algunos puntos, que es desde los que el jugador que tiene el turno realiza el lanzamiento.

- Tiros libres: se realizan lanzamientos al aro desde la línea de tiros libres, buscando lograr un puntaje. Este estilo, así como la herradura, permite que se den charlas amenas mientras se realizan los lanzamientos al aro.

Caminar

Siendo la más simple de las actividades que podemos realizar, es también la más barata, ya que sólo requiere querer realizarla. La gran ventaja de esta actividad es que se puede llevar a cabo en cualquier lugar, desde una calle del barrio, pasando por la adquisición de víveres, ir de compras a un centro comercial o caminatas ecológicas.

Existen grupos dedicados exclusivamente a senderismo, que busca integrar a las personas con la naturaleza que circunda a las ciudades modernas. El contacto con la naturaleza, además de permitirnos realizar actividad física y respirar aire puro, nos hace generar pequeñas cantidades de dopamina de forma natural y controlada.

Adicionalmente, tener una exposición cuidadosa al sol permite mejorar nuestro sistema inmune, así como, entre otras, aumentar los niveles de vitamina D.

Así mismo, puede ser un plan familiar con los hijos e incluso más familiares. Existen numerosos grupos dedicados a la oferta u organización de excursiones o caminatas en las redes sociales. Sólo hay que dedicar un rato a su búsqueda, dentro de nuestra rutina de uso del celular.

Ping pong

Uno de los deportes más rápidos que haya visto, junto con el hockey de mesa, es el pin pong. Pero para practicarlo no es necesario que seamos profesionales. Como ya lo dije numerosas veces, el objetivo de este apartado es contar con algunas ideas de actividades que podemos realizar en y como pareja.

El objetivo del juego es bastante simple: lograr pasar la pequeña pelota (pin pong) por encima de la red, logrando que toque por lo menos una vez en la parte de pequeña mesa de madera que corresponde a la zona de nuestro rival.

El pin pong tiene la ventaja de que, al ser un deporte bastante popular entre los jóvenes y universitarios, se cuenta con muchos clubes dedicados a su práctica. Intenta escribir en el buscador de Google Maps de tu celular la palabra pin pong y te darás cuenta de la gran oferta que existe en cada ciudad.

Este deporte no requiere contar con absolutamente ningún tipo de indumentaria o preparación. Se puede jugar incluso con ropa de trabajo. Por lo general se alquila una mesa en un club por un lapso de una hora por un precio bastante cómodo.

Billar

Junto con el pin pong, el billar también es una actividad bastante interesante. Al igual que el pin pong, existen muchos clubes de billar en el que se puede realizar una práctica entretenida por una suma de dinero bastante cómoda.

Existen dos grandes clases de billar, el pool y el billar de carambola.

En el billar pool o americano, el objetivo es tacar (golpear con el taco) con la bola blanca para que ésta golpee alguna de las demás bolas que están en la mesa y lograr que entre en alguno de los agujeros de la mesa, sin que la bola blanca entre en ellos.

El billar de carambola, el objetivo es lograr que la bola con la que se taca golpee a las otras dos bolas que están en la mesa. Una mesa de billar de carambola no tiene agujeros.

Uno de los retos iniciales cuando se inicia con este juego es poder utilizar el taco de forma correcta, ya que el movimiento se debe hacer de tal forma que la fuerza del golpe se traslade a la bola a la que se le pega. Si no se realiza bien este movimiento, la bola no se moverá de forma correcta y no se logrará hacer lo que se requiere. Lograr esta habilidad no es difícil. Se puede dedicar unos cuantos minutos a practicar el golpe, teniendo cuidado de no dañar el paño que recubre la mesa.

Clases

Una última idea de alternativas para realizar actividades en pareja es tomar clases juntos. En estos días, el mercado de clases y talleres para adquirir alguna habilidad especial es muy grande. Existen páginas web de cupones en las que se pueden adquirir paquetes promocionales para parejas.

Baile

Entre las clases más comunes que se pueden encontrar están las clases de baile. Sus costos pueden variar, pero he podido encontrar en general que un paquete de 4 clases al mes para 2 personas puede rondar los 20 dólares.

Tomar clases de este estilo tiene grandes ventajas:

- Se realiza actividad física.
- Nos obliga a salir de la casa.
- Nos obliga a tener un tiempo semanal en pareja.
- Conocemos personas nuevas.
- Disfrutamos de música que nos gusta en pareja.
- Puede ser un gran estimulante para otras actividades en pareja, como salir a bailar para practicar lo que hemos aprendido.

Dependiendo del país, así como el momento en el que se haga, los ritmos de moda pueden variar mucho. También cambian los gustos con la edad; sin embargo, los ritmos que me han funcionado para disfrutar de una noche de baile con mi esposa son la salsa, merengue y bachata.

Al ser ritmos que se suelen bailar muy cerca con la pareja, permiten un contacto que afianza la cercanía con el otro.

Cocina

En todos lugares se pueden encontrar clases de cocina. Incluso si hemos decidido seguir un estilo de vida alternativo, como el veganismo o vegetarianismo, se encuentra un sinfín de personas interesadas en dar algunas luces respecto a cómo lograr experiencias gastronómicas en casa. Tener estos conocimientos permite, además, que podamos invitar amigos o familia para mostrar nuestras habilidades.

Coctelería

Hubo una época en la que tuvimos el plan de irnos a vivir a otro país con mi esposa. En el proceso de preparación, tratando de capacitarnos para algunos trabajos, tomamos un par de cursos de coctelería y barismo.

Finalmente, no cambiamos de país de residencia, pero el haber tomado esas clases nos dio varios días de diversión, mientras tomamos los cursos y una excusa para crear planes con amigos en los que aplicamos los conocimientos adquiridos.

Incluso, como producto de haber realizado estos cursos, compramos un par de cocteleras y herramientas que resultaron siendo adornos en nuestro apartamento.

Fotografía

He podido ver muchos memes en los que se bromea respecto al gusto que tienen especialmente las mujeres por las fotografías. Se dice que muchas veces que en realidad un novio/esposo es un trípode andante.

En nuestros días, cualquier persona es fotógrafa y tiene sus propias vitrinas de exposición en redes sociales. Los dispositivos celulares mejoran cada vez más la tecnología de las cámaras, al punto de que cualquier smartphone que usemos en la actualidad toma mejores videos que una cámara profesional para televisión a principios de los 2000.

Existen cursos de fotografía para principiantes, así como algunos enfocados en el uso del celular, para que cualquier persona pueda acceder. En estos cursos, podemos aprender mucho acerca de composición y uso de luces, entre otros. Así podemos entender, por ejemplo, por qué es un error utilizar el flash de la cámara en ciertos casos en espacios muy grandes o a plena luz de día.

De la misma forma, puede ser una excusa para adquirir una cámara. Mi esposa es amante de una marca de celulares que tienen como fortaleza el tomar excelentes fotos (Iphone). En el momento en el que escribo este libro, cuento con una cámara réflex bastante básica; sin embargo, aun conociendo la gran calidad de las fotografías que toma un Iphone, mi esposa adora las fotos tomadas con mi cámara réflex porque el sensor de una cámara es mucho mejor que el de cualquier celular.

Una última ventaja de conocer ciertos conceptos de fotografía es que es conocimiento que se puede convertir en dinero fácilmente, si se realiza una pequeña inversión y se aplica algo de marketing, ya que, si bien casi cualquier persona cuenta con una cámara en su celular, muy pocas son las que tienen el conocimiento para tomar una foto con algo de técnica. Esto nos puede aportar un ingreso extra, que nunca está mal.

Idiomas

Tal vez una de las inversiones más grandes en términos de educación (luego de estudiar un pregrado o un posgrado) de las que puedo hablar es el estudio de los idiomas. Sin embargo, si bien se puede tomar un curso e invertir una gran cantidad de dinero, mi interés aquí es señalar que la práctica es la parte más importante del aprendizaje de un idioma.

Desde ver una película en el idioma original con subtítulos, pasando por hablar sobre algún tema de gramática, hasta asistir a clubes conversacionales, todas estas opciones nos permiten crear espacios para compartir como pareja y mejorar nuestras habilidades.

Una buena forma de empezar es utilizar aplicaciones como Duolingo o Babel, las cuales son gratuitas y permiten conocer y practicar al tiempo. De igual forma, muchos sistemas públicos de educación ofrecen cursos gratuitos e incluso virtuales para su aprendizaje.

Existe la opción de tener meditación guiada en inglés o escuchar algún podcast en idioma original. Estamos en un mundo globalizado, con acceso a internet prácticamente ilimitado. Las opciones son casi infinitas.

Esta habilidad también es monetarizable y muy útil. Mucho de lo que aprendí respecto a la forma en la que funciona el cerebro en relación con el uso de pornografía y redes sociales lo pude aprender gracias a que hablo inglés y pude encontrar mucha información en este idioma, ya que no se encontraba fácilmente en español. Así mismo, las diferencias entre lo que pagan en un call center en español respecto de lo que pagan en un call center español es de casi el triple de salario.

Epílogo

En primer lugar, quiero agradecer por acompañarme hasta este punto en este viaje en el que, lejos de pretender mostrar todas las respuestas o siquiera conocer la mayoría de las cosas que *se deben hacer* en una relación, busco compartir con algunas reflexiones propias respecto a las relaciones de pareja y los efectos que causa el tiempo en la pasión que existe inicialmente.

Erich Fromm dice en su libro *El Arte de Amar* que el amor no es algo fácil. Y más allá de siquiera teorizar sobre lo que es el amor, cuánto dura o cómo se transforma, mi objetivo fue hacer énfasis en el hecho de que toda relación entre seres humanos requiere de trabajo continuo.

La vida cotidiana tiene como consecuencia una especie de tragedia en la que nuestro compañero o compañera se nos vuelve parte de la vida cotidiana, le damos por hecho, teniendo como trasfondo un mercado consumista en el que cada vez se nos dice más y más que el amor es sólo pasión y emoción. Lo trágico es que esto sucede sin que nos percatemos de que está pasando. Y muy regularmente, nos damos cuenta cuando uno de los dos ha decidido dar por terminado el vínculo que nos une.

Entonces, más allá de los ejercicios o análisis que he presentado a lo largo de estas páginas, es importante que sepamos que el vivir en pareja tiene una regla de oro: nunca bajar la guardia. Parafraseando al personaje de Brad Pit en El Club de la Pelea:

debes saber, no temer, que tu relación va a terminar en algún momento

Soy un abanderado de la planeación. Y el saber que nuestra relación puede terminar nos permite estar atentos de los pequeños e imperceptibles cambios que va teniendo nuestra vida en pareja para poder reaccionar o corregir el curso a tiempo. El objetivo de una relación nunca debe ser estar juntos mucho tiempo o estar juntos para siempre. Los objetivos primordiales, desde mi punto de vista, deben ser:

- Ser feliz.
- Crecer.
- Que cada uno apoye al otro a lograr sus objetivos y metas en la vida.
- Tener tranquilidad.
- Confiar el uno en el otro.

Tal vez una de las cosas más importantes que se debe hacer antes de comprometerse a trabajar por una relación es preguntarse a sí mismo qué es lo que espera de tener una pareja. Muchas personas simplemente le temen a estar solas o encuentran que tener pareja estable hace parte de lo que la sociedad espera de nosotros ¿Es ése un fin suficiente?

Teniendo claro qué es lo que esperamos de una relación amorosa, podemos entender que el hecho de nuestra relación dure más o menos debe ser una consecuencia de obtener o no lo que queremos de ella. La duración no es ni debe ser un fin en sí mismo.

Algo similar sucede con lo que llamamos *fidelidad*. La mayoría de nosotros espera tener relaciones monógamas porque estamos acostumbrados a que ésa es la única realidad posible. Pero tener la monogamia como un fin en sí mismo tampoco es positivo. Debemos preguntarnos ¿lo que quiero es que mi pareja sólo me desee a mí o que, a pesar de desear a otras personas, sólo interactúe eróticamente conmigo?

Si lo que queremos es el primer escenario, lamentablemente, no se dará nunca o viviremos engañados. Ya de este tema hablé al inicio del libro. Si, por el contrario, esperamos el segundo escenario, es de gran importancia mantener una buena comunicación y entender que la exclusividad sexual es un acuerdo como cualquier otro en la relación.

Si logramos entender esto, a pesar de que queramos mantener una relación monógama, en caso de que la otra persona no respete el acuerdo (algo que es muy probable, según las estadísticas), si bien el golpe puede doler, la forma de procesarlo y poder seguir con nuestras vidas será mucho más fácil, pues habremos logrado entender más claramente que la relación no se reduce a las personas con las que tengo relaciones sexuales o interacción erótica (sexting, coqueteo, besos, etc.).

Como hemos visto, las relaciones románticas son en extremo complejas. Estamos atados a realidades químicas y sociales que le dan forma a lo que queremos y a lo que podemos lograr respecto a esos deseos. Tenemos una gran tarea por delante, trabajar por lo que deseamos que sea nuestra relación.

El ser conscientes del gran reto que implica el mantener el interés en el otro es un paso gigante, pues lo primero que debemos lograr ante cualquier reto es saber que este reto existe.

Una relación tranquila, con confianza, con felicidad, con crecimiento personal y de pareja, es posible. Sólo requiere que no demos por sentado que estaremos juntos para siempre porque sí. El trabajo duro da frutos, pero es un factor que no se puede sacar de la ecuación.

Así como el hacer ejercicio durante un año muy probablemente nos ayudará a mejorar nuestro estado físico de una forma notoria, trabajar juiciosamente en nuestra relación por un tiempo prolongado puede mejorarla notablemente también. Sin embargo, así como si dejamos de hacer ejercicio luego de un año de disciplina, nuestro estado físico volverá a bajar, la relación que se descuida puede desmejorar, luego de haber mejorado.

Esto nos muestra que el trabajo que tenemos que hacer es permanente. Debemos entender que trabajar para tener una buena relación debe ser algo de por vida. Eso sí, estaremos seguros de que lo más probable del trabajo duro es que podamos estar satisfechos tanto con nuestra relación como con nuestra vida.

De nuevo, gracias por acompañarme en estas páginas.

9 786280 128863